15歳のための
グローバリゼーション

新しい地図を持って歩き出そう

マップ・セレクション

正井泰夫／監修
Earth Atlas 編集委員会／編著

幻冬舎

15歳のためのグローバリゼーション
新しい地図を持って歩き出そう マップ・セレクション

正井泰夫・監修　Earth Atlas 編集委員会・編著

CONTENTS

装幀・結城亨(SelfScript)

序章
いま世界と どのように向き合うか

15歳ごろになれば、体と心の変化に不安を感じ、いらだちに襲われます。また、強い憧《あこが》れを抱く時期でもあります。周りの人々との違いが見え、やりたいことやなりたい人物像に思いを巡《めぐ》らせ、働いて収入を得る大人社会への参加を意識し始めます。

いま、あふれるばかりの情報を受け止めながら、必要なものを選び出し、ひとりひとりの歩む道を見つけ出すのは容易なことではないでしょう。〝20世紀の大人〟の助言が、〝21世紀の15歳〟に有効に働くかどうか、だれしも自信を持って明言できなくなっています。

2008年、アメリカ発の金融危機は、日本はもちろん世界中の国々の経済に大きな影響を与えました。いまや、世界には国境を越えてヒト・カネ・モノが常に行きかい、たとえ日本に暮らしていたとしても、その生活は世界の人々の働きがなくては成り立たなくなっています。こうした急激な変化を、15歳のみなさんはどう受け止めているのでしょうか?

将来なにをやってみたいかという問いに、15歳のひとつのまとまった回答が示されました。

①人の命を預かる医師

②難病に道を開く新薬開発の研究者

③未知なるものに挑戦する宇宙飛行士

これは、公立では初めて学校名にサイエンスとつけられた横浜市立横浜サイエンスフロンティア高校が2009年1月に実施した面接で、受験生が明らかにした〝希望の専門職〟です。15歳がそれぞれ働いてみたいとしたこれらの職種は、国境や人種の壁を越えて、やる気をみせる若者に門戸を開放しています。実力さえあれば、自由に各大陸を渡って働く場所を見つけることが可能です。

人材のグローバルな交流は、近年あらゆる分野でみられるようになりました。グローバル化の進展とともに、ヒト・カネ・モノ、そして情報が国境を越えて世界を飛び回っています。一方で、日本では少子高齢化が予想を上回るスピードで進んでいます。どこの国よりも早く少子高齢化社会を迎えた日本では、今後の経済規模の縮小とあわせて、新たなグローバリゼーション(globalization・世界的拡大)の波への対応力が試されるとみてよいでしょう。

グローバリゼーションの光の部分が、情報公開に伴う教育水準の向上とイノベーション(innovation・技術革新)による問題解決だとすれば、影の部分は国境を越える環境汚染やウイルス感染症の拡大です。2008年秋以降急速に、かつ、同時に失業者が増大しているのも、世界共通の暗い一面です。

現在、地球規模の課題として人類の行動に起因するエネルギー消費——とりわけ化石燃料の燃焼——が原因の温室効果ガスがクローズアップされています。

CO_2（二酸化炭素）の排出量をめぐって、先進国と発展途上国（開発途上国）の間で意見の対立がみられ、議論が闘わされていますが、そうした間にも世界のどこかで気候の急激な変化による災害も発生しています。

このような社会の劇的な変化のなかで、ひとりひとりはどのように対処していけばよいのでしょうか？　体も心もめざましく成長する10代のみなさんが、それまでの10代が持たなかった発想で疑問を感じ、変化のスピードの速いグローバル経済や地球温暖化に関して、旧世代とは異なった視点で疑問を持ち始めている——そのような時代を迎えているように感じられます。

この大きな変化を自然界との類似でみると、蒸発、降雨、そして川、海へと流れる〝水の循環〟と同じように、グローバル化も領域を越えてヒト・モノ・カネ・情報が循環する過程ととらえることができます。その状況変化を観察して的確に把握し、データ化することによって特色をまとめることができれば、方程式を解くことができるに違いありません。

横浜サイエンスフロンティア高校設立に際し、構想の段階から指導にあたってきた東京大学名誉教授の和田《わだ》昭允《あきよし》さんは、「成績だけよくても知恵を生かし、次の発展につなぐことができなければ意味がありません」と言い、「知る→わかる→つくる」の〝知のサイクル〟の重要性を力説します。

いま、グローバル経済や環境問題を正しく観察して、理解を深め、〝知のサイクル〟を繰り返すことで創造力が働くとする考えには共鳴させられます。

それぞれを比較して違いを認識し、全体像を把握する力を身につけることで、変化のスピードに対応する力や変革への即応力が創造されるのではないか——。

1492年コロンブスによる大西洋横断が成功した背景には、天文学、地理学、航海術の発達があったと伝えられています。コロンブスのアメリカ大陸到達から500年以上経《た》った現代において、宇宙工学やIT技術のめざましい発展のなかで、未来に旅立つみなさんに大航海への航路図を示すことは、すぐにはむずかしいとしても、技術を駆使して視野を広げ、新しい展望へと導くことはできるかもしれません。「歴史を学ぶ旅」「古今東西の優れた旅行記の舞台を見聞する旅」が「自己発見の旅」につながるかもしれません。

いずれにせよ、日常生活の場でなんらかの疑問を感じたならば、必要と思う情報にアクセスする意欲を示すことから〝旅への一歩〟を踏み出してみてはどうでしょうか。地域から他の国々へ、さらには世界へと開かれた視点を持ち続けることが、これからますます必要となるでしょう。

ここでは、ひとりひとりの明日を創造する一助とするために、できるだけ正確に「地球の姿」を提供し、変化の激しい世界にどのように向き合ったらよいかを考える手がかりを示すことができればと思います。

15歳希望の旅立ち、いま世界とどのように向き合うか――。

世界193ヵ国の若者ひとりひとりが、着実にひとり歩きする過程でそれぞれの答えを見つけ出していくに違いありません。

Earth Atlas編集委員　森倫太郎

［第1章］
水の惑星
～地球～

地球という惑星

世界の15歳40万人が参加したOECD（経済協力開発機構）の2006年学力調査では、酸性雨や温室効果ガスに関する問題が出されました。これまで大気汚染とあわせて、大気中に含まれるガスが原因とされる温暖化を中心に、地球環境について国境を越えた幅広い議論が、いろいろな場面で幾度となく繰り広げられてきましたが、今回の調査に参加した15歳40万人に、はたして共通認識があったのでしょうか？

地球が太陽系の惑星のひとつであることを考えるとき、まず他の惑星――火星や金星との違いを理解しておくことが欠かせません。

太陽系の惑星のうち地球型惑星といわれるのは、水星、金星、地球、火星の4つ。これまで最も多く探査機が送られ、調査が綿密に行われたのは、金星と火星です。この2つの惑星と地球の大気中の成分を比較すると、金星、火星とも二酸化炭素が主成分であるのに対して、地球には二酸化炭素が0.04%と少なく、代わって窒素が約78%、酸素が約21%含まれている点が大きく異なっています。

地球より太陽に近い金星の場合、温室効果ガスによって、太陽からのエネルギーが宇宙空間に逃げ出すのが妨《さまた》げられ、地表では鉛もとろけるほどの炎熱の世界がつくりだされています。一方、火星の場合、太陽エネルギーが十分届かず、気温−10℃から−100℃以下の極寒の砂漠の世界となっています。かりに金星や火星に海が存在したとすると、金星では蒸発し、火星では凍りついてしまいます。

地球の水は循環している

地球を〝水の惑星〟と呼ぶ理由は、海の存在が大きいからです。陸地と海洋の面積の割合は、1対2.4。「地球」と呼ぶより「水球」あるいは「海球」と呼ぶほうがふさわしいのです。とくに地球環境にとって、海が安定していることが最も重要であると指摘する専門家もいます。

一口に水といっても、海水と淡水があります。また、地表の温度によって液体の水は、気体として蒸発したり、凍りついて固体の氷になったりします。水の3態変化は、熱エネルギーの放出と吸収によって生まれますが、液体の水は0℃と100℃の間（融点《ゆうてん》と沸点《ふってん》の間）に安定して保たれる必要があります。

丸い地球を認識する方法として、赤道でわけて、南の部分を南半球、北の部分を北半球とするものと、大陸の多い部分と海洋の多い部分にわけ、「陸半球」と「水半球」（あるいは海半球）とする２分法があります。

水の分布を中心に地球をわけると、「水半球」では海洋の面積は90％以上を占めます。地表温度は、地球全体を年間平均すると15℃とされていますので、ほとんどの水は液体として移動を続けていることになります。また、温度によっては、南極やグリーンランドでは氷となり、陸地、海洋では、水蒸気となって大気に放出されます。大気では雲が生まれ、雨となり、川から海へと〝水の循環〟がみられます。

地球以外の惑星には、いまのところ生命の存在は確認されていません。大気中の酸素と循環する水こそが、地球上の多様な生命を育《はぐく》む原動力となっています。

15歳のみなさんにとって、それぞれの地域の自然環境とあわせて、〝水の循環と温度〟との関係にも目を向け、季節ごとの情報を集め、交流を図ってみるのも無駄ではないでしょう。

地域の学校には、温度計や雨量計も整っているはずです。低緯度の地域、高緯度の地域それぞれにおいて、〝20世紀の大人〟たちが得た体験を聞いて、現在の状況と比較してみるのもよいかもしれません。

気候変動による異常はどんな形であらわれているのか、また、温暖化による危機にさらされているとすれば、その実態はどんなものか――といったことが明らかにされれば、学習効果があらわれ、将来なんらかの解決策に結びつく可能性も出てきます。

1歩前に進むことに大人たちも必ずや協力することでしょう。

[水半球　陸半球]

半球図としての「水半球」(上)は太平洋を中心に描かれています。これに対して「陸半球」(下)はヨーロッパ、アフリカ、アジア、北アメリカの4大陸を中心に描かれています。
赤道でわけた場合、北半球の陸地が39%余りを占め、南半球では19%が陸地となっています。太平洋は海の面積のおよそ半分を占め、これに大西洋、インド洋をあわせると海の面積の90%を占めます。

地図出典：『自然大博物館』(小学館／1992年)

水半球

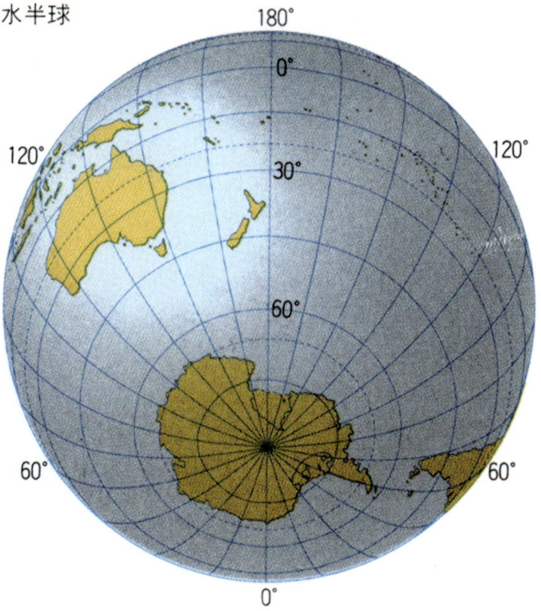

陸半球

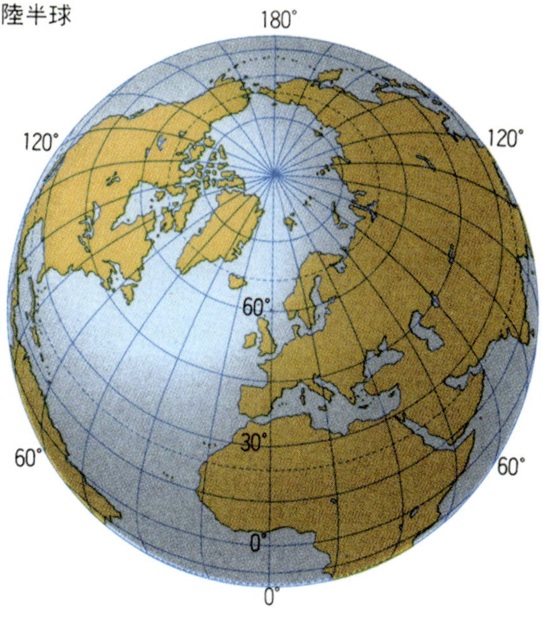

［太平洋の海洋図］

深い海の底の調査が40年前から進み、陸地と同じように高い山々（海嶺《かいれい》）、深い谷（海溝・海盆）や平原（深海平原）など海底のようすがわかってきました。
大陸が海に向かって張り出している大陸棚は、浅瀬が続き、たくさんの生き物が暮らしています。海底火山（海山）が海面に顔を出すと火山島になります。
海底の深さを海面から1,000m、3,000m、5,000m、7,000mの４段階にわけ、深い順に青色を濃くして表しています。
海洋を囲む各大陸から太平洋に注ぐ、アメリカのユーコン川、コロラド川、ロシアのアムール川、中国の黄河、長江が描かれています。

地図出典：『世界 海の百科図鑑』（ジョン・バーネット編／川口弘一、平啓介監訳／東洋書林／2004年）

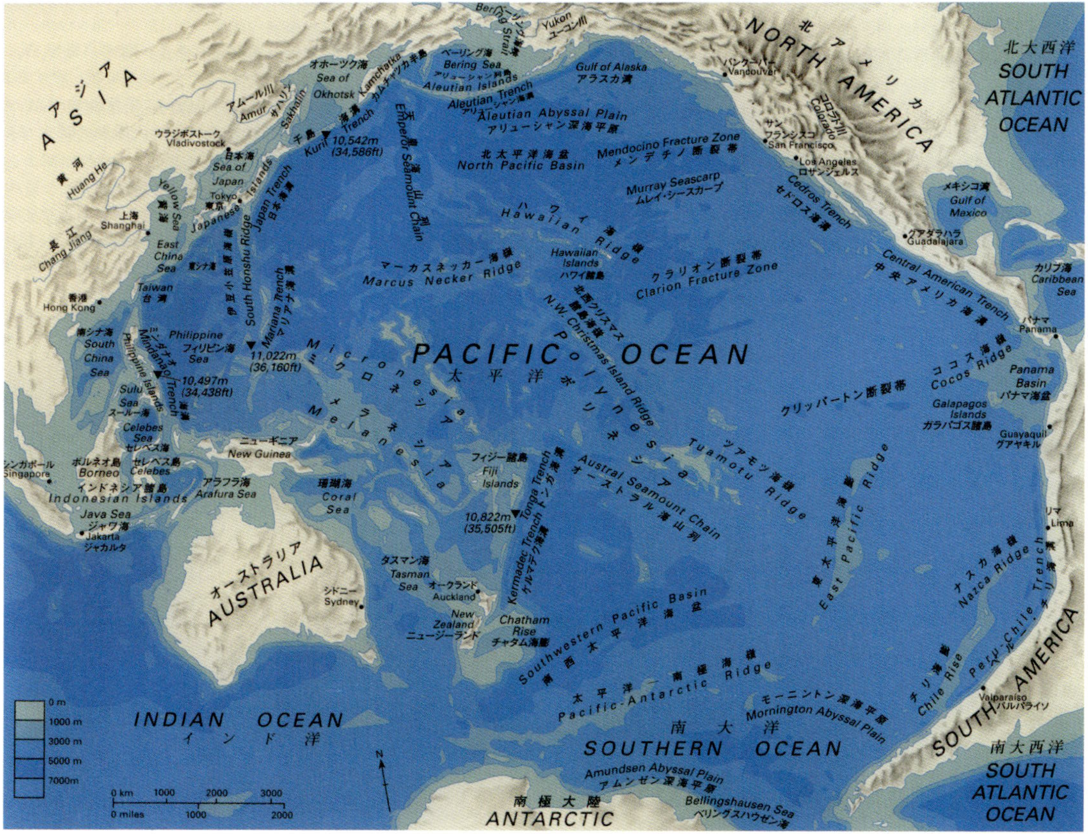
PACIFIC OCEAN
太平洋
NORTH AMERICA
北アメリカ
SOUTH AMERICA
ASIA
アジア
AUSTRALIA
オーストラリア
ANTARCTIC
南極大陸
INDIAN OCEAN
インド洋
SOUTHERN OCEAN
南大洋
SOUTH ATLANTIC OCEAN
北大西洋
南大西洋
Micronesia
ミクロネシア
Melanesia
メラネシア
Polynesia
ポリネシア
Bering Strait
Yukon
ユーコン川
Bering Sea
ベーリング海
Aleutian Islands
アリューシャン列島
Aleutian Trench
アリューシャン海溝
Aleutian Abyssal Plain
アリューシャン深海平原
Gulf of Alaska
アラスカ湾
Vancouver
バンクーバー
Colorado
コロラド川
San Francisco
サンフランシスコ
Los Angeles
ロサンジェルス
Mendocino Fracture Zone
メンデチノ断裂帯
North Pacific Basin
北太平洋海盆
Murray Seascarp
ムレイ・シースカープ
Cedros Trench
セドロス海溝
Gulf of Mexico
メキシコ湾
Guadalajara
グアダラハラ
Hawaiian Ridge
ハワイ海嶺
Hawaiian Islands
ハワイ諸島
Clarion Fracture Zone
クラリオン断裂帯
Central American Trench
中央アメリカ海溝
Caribbean Sea
カリブ海
Panama
パナマ
Panama Basin
パナマ海盆
Cocos Ridge
ココス海嶺
Galapagos Islands
ガラパゴス諸島
Guayaquil
グアヤキル
クリッパートン断裂帯
N.W. Christmas Island Ridge
北西クリスマス諸島海嶺
Tuamotu Ridge
ツアモツ海嶺
East Pacific Ridge
東太平洋海嶺
Lima
リマ
Nazca Ridge
ナスカ海嶺
Peru-Chile Trench
ペルー・チリ海溝
Chile Rise
チリ海膨
Valparaiso
バルパライソ
Mornington Abyssal Plain
モーニントン深海平原
Pacific-Antarctic Ridge
太平洋―南極海嶺
Southwestern Pacific Basin
南西太平洋海盆
Amundsen Abyssal Plain
アムンゼン深海平原
Bellingshausen Sea
ベリングスハウゼン海
Austral Seamount Chain
オーストラル海山列
Tonga Trench
トンガ海溝
Kermadec Trench
ケルマデック海溝
10,822m
(35,505ft)
Fiji Islands
フィジー諸島
Chatham Rise
チャタム海膨
New Zealand
ニュージーランド
Auckland
オークランド
Tasman Sea
タスマン海
Sydney
シドニー
Coral Sea
珊瑚海
New Guinea
ニューギニア
Arafura Sea
アラフラ海
Indonesian Islands
インドネシア諸島
Java Sea
ジャワ海
Jakarta
ジャカルタ
Singapore
シンガポール
Borneo
ボルネオ島
Celebes
セレベス島
Celebes Sea
セレベス海
Sulu Sea
スールー海
Philippine Islands
Mindanao Trench
ミンダナオ海溝
10,497m
(34,438ft)
Philippine Sea
フィリピン海
11,022m
(36,160ft)
Mariana Trench
マリアナ海溝
South Honshu Ridge
伊豆小笠原海嶺
Marcus Necker Ridge
マーカスネッカー海嶺
Emperor Seamount Chain
天皇海山列
Japan Trench
日本海溝
Japanese Islands
Kuril Trench
千島海溝
10,542m
(34,586ft)
Kamchatka
カムチャツカ半島
Sea of Okhotsk
オホーツク海
Sakhalin
サハリン
Amur
アムール川
Vladivostock
ウラジボストーク
Sea of Japan
日本海
Tokyo
東京
Yellow Sea
黄海
East China Sea
東シナ海
Shanghai
上海
Huang He
黄河
Chang Jiang
長江
Taiwan
台湾
Hong Kong
香港
South China Sea
南シナ海
0 m
1000 m
3000 m
5000 m
7000m
0 km 1000 2000 3000
0 miles 1000 2000
N

［第2章］
融け続ける氷河

氷の世界での変調

私たちが地球環境について考えるとき、人の住まない厳寒の地——南極やグリーンランドの〝氷の世界〟に思いをめぐらすことは少ないのではないでしょうか？

第１章で触れた火星の両極地方には、極冠と呼ばれる氷の巨大な塊（ドライアイスすなわち二酸化炭素の固体）が存在していることが探査機によって確認されています。

このように二酸化炭素に覆われている火星と異なり、地球の氷の大陸はすべて海洋とつながっています。そこには豊かな生命が息づき、海流の循環がみられます。そんななか、

——海が凍り始める時期が遅れている。

——氷が割れるのがこれまでより早くなっている。

——河川や湖にある氷の量が少なくなっている。

こうした声が、ツンドラ地帯や北極海に面する島に住む人々から聞かれるようになって20年以上が経っています。北極や南極の氷河に限らず、世界最高峰のエベレストがそびえるヒマラヤ山

脈をはじめ、ヨーロッパのアルプス山脈、南米のアンデス山脈など、高い山々に残る山岳氷河の氷が薄くなったり、その量が減って周辺の岩肌の露出が目立ち始めていると伝えられています。

前章では、水の循環の中心となる海の存在の重要性に言及しましたが、海流は暑いところから寒いところへ熱を受け渡す役目も果たしています。

驚くほど速く氷は融けている

いま、気象や海洋の専門家が最も心配しているのは、海洋循環が崩れることです。例えば、グリーンランドの氷床《ひょうしょう》が融《と》け、真水となって大西洋に注ぎ込むと、強い塩水の蒸発ともからんで大きな海水の流れが阻害され、寒暖の差が激しくなったり、季節の変わり目がはっきりしなくなるなど、北ヨーロッパの気候に悪い影響を与えるといわれています。北極圏では、すでにその心配が現実のものとなっています。北極海の氷が急速に減少し、海流に大きな変化をもたらしているのです。

地球温暖化の兆候は、変化に敏感な極域でまずあらわれます。グリーンランドの巨大な陸地は、厚さ3,200メートルの氷床に覆われていますが、大気や海水が暖められ、驚くほどの速さで融け始めているのです。

専門家は、1997年太平洋側から北極海に入り込んだ海水の温度が平年より4℃高かったため、冬になっても氷ができにくくなったと指摘しています。海氷面積の縮小に関する〝動かぬ証拠〟は、宇宙航空研究開発機構（JAXA）などが発表している衛星写真と年代別海氷面積比較データです。

2007年夏（9月）には、海氷面積は425.5万平方キロメートルに縮小し、過去の記録（530万平方キロメートル）を更新しました。2003年夏の603万平方キロメートルと比べると日本列島4.7個分も海氷面積が縮小しています。これはIPCC（国連の気候変動に関する政府間パネル）の予測――海氷面積が450万平方キロメートル以下になるのは、10年から30年先――をはるかに超える速いスピードで氷が融けていることになります。

また、グリーンランド海、ノルウェー海を経て、大西洋に流れ出す海氷が増えています。それにより、海氷の下の海流の動き自体も強くなり、白い氷の減少によって、海面は太陽の日射を一段と吸収しやすくなる悪循環が生まれ、北極海の温暖化を加速させています。海洋の地球規模の熱循環が急速に変容をみせているといってよいでしょう。

アラスカの氷河がメルトダウン（融解）して、周辺の島の沿岸に高潮が押し寄せ、崖《がけ》が削りとられたり、道路が冠水したりする映像が紹介されたこともあります。一方、太平洋やインド洋の環《かん》礁《しょう》が水没の危機にさらされているとも伝えられています。

氷河については、専門家の間でも、積雪や降雨との関連で、陸地にある氷の塊が大きくなったり、小さくなったりして、場所によっては異なった現象がみられると議論がわかれているほどです。陸地の氷が融ければ海水の量が増えて海面は上昇します。山岳氷河を含め、氷河では、過去に降った雪が氷となり、その重さで斜面を流れくだって、拡大、縮小を繰り返しているのです。

氷が融けた世界の行方

『地球異変』(朝日新聞社編)には、夕日に輝くエベレストや白いヒマラヤひだをみせるチョブツェ山の写真とあわせて、威容を保つ「氷河湖ツォ・ロルパ」の写真が紹介されています。氷河が融けてやせ細り、茶色に変化したヒマラヤの中腹に出現した氷河湖が拡大している様子、そして湖が決壊して大洪水に見舞われるのを心配する人々をいくつかの現地写真が伝えています。

一方、『地球異変』は、シベリアを中心とするツンドラの大地に分布する「永久凍土」の融解にも触れています。永久凍土は2年以上凍ったままの土壌や岩のことで、北極海を取り囲むユーラシア大陸、北米大陸の高緯度地域に広く分布しています。

氷河、永久凍土の融解は、淡水の海洋への流入となって海流に変化をもたらすだけでなく、食物連鎖の生態系をも崩し始めているのです。

北極クジラが息をはきながら海面を突き上げて躍る姿、南太平洋の環礁に集まる色彩豊かな多種多様の生き物たち——。2億5,000万種類の生物が棲《す》む海洋の生態系を維持する大切さを、10代のみなさんにも考えていただきたいと思います。

[海流大循環の図—気候を支配]

大西洋を北上する暖かい表層海流（メキシコ湾流）は、グリーンランド沖で沈みこみ、冷たい深層海流となって大西洋を南下し、南極海（南氷洋《なんぴょうよう》、南大洋）に達します。南極海で生まれた南極低層水と合流し、その後、太平洋、インド洋を巡りながら浮かび上がり、表層流となって、長い時間をかけて大西洋に戻ります。

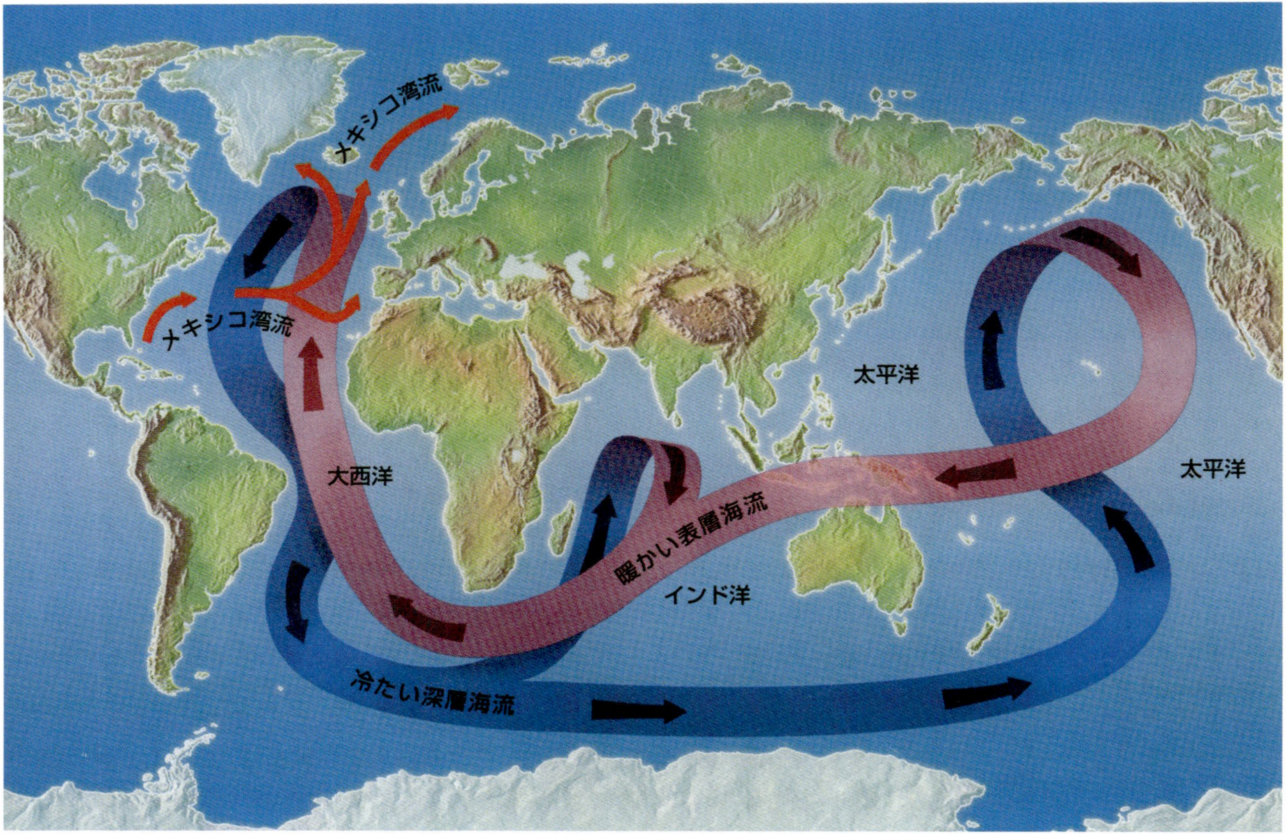
メキシコ湾流
メキシコ湾流
大西洋
暖かい表層海流
インド洋
太平洋
太平洋
冷たい深層海流

[世界の海底の地形（海底地図）]

海底の地形(高低などの形状や海面からの深さ)を青色に濃淡をつけて描いています。濃い青は深さ5,000m以上を表しています。4,000～6,000mの深さの部分が海底のなかで最も広い面積を占めています。

地図出典：『自然大博物館』（小学館／1992年）

Interview

進む地球温暖化をどう読むか

近藤洋輝《こんどうひろき》
海洋研究開発機構地球環境フロンティアセンター特任上席研究員
IPCC WG1 国内支援事務局長
『温暖化の世界地図』（訳）

――２つの言葉、気候変動（Climate Change）と温暖化の違いをご説明いただけますか？

〝The Atlas of Climate Change〟の翻訳にあたってはじめの案は〝気候変化の世界地図〟でしたが、地球温暖化への関心が高まっていたこともあり、最終的には『温暖化の世界地図』（カースチン・ダウ、トーマス・E．ダウニング著／丸善）に決まりました。

英語のClimate Changeに対して、日本語では従来、研究者の間では「気候変化」を使うことが普通でした。短期的な変動にあてはまる英語はvariationやvariabilityでした。

気温の観測結果をグラフで表すと、季節変化や年変化を示す線のゆらぎとともに、それらを通した長期の傾向がつかめます。そのような長期にわたってみられる傾向が〝Climate Change〟です。この用語を用いた国際的組織であるIPCC（Intergovermmental Panel on Climate Change）や、国際条約であるUNFCCC（United National Framework Convention on Climate

Change）に対し、前者は「気候変動に関する政府間パネル」、後者は「気候変動枠組《わくぐみ》条約」というように、いずれも公式訳でClimate Changeに対し、「気候変動」の日本語表記が用いられるようになりました。現在では、「気候変動」は、広義には長期的変化も意味する言葉として、狭義には短期的変動も意味するという用いられ方をしています。一方、「地球温暖化」は、地球全体の平均気温が上昇することを指していて、現在進行中の「気候変化」の根本となるものの側面を示しているにすぎないわけですが、実際にはそれによってもたらされるさまざまな気候変化やその影響までも含んだ広い用いられ方をしていると思います。

――平均気温が上昇しているなかでの異常気象をどのようにとらえたらよいのでしょうか。

『温暖化の世界地図』にも、極端現象（Extreme Event）として気象関連の災害が、世界のどの地域で発生しているか、全体が一目でわかるよう図化されています。とりわけ2003年夏、フランス・イタリア・オランダ・スペイン・イギリスなど西ヨーロッパを襲った熱波がクローズアップされています。このときは、3万5,000人の死者を出しましたが、今世紀に入ってからの気象関連災害、例えば洪水・暴風・干ばつといった極端現象による死者も増加傾向にあります。わが国では、従来から「異常気象」という用語が一般に用いられていまして、気象庁では、猛暑や干ばつなどで、統計上30年間に1回生じるような記録的な気象を指す言葉として用いています。国際的にはちょうどそれにあたる用語はなく、上記の「極端現象」という用語が用いられています。そこで、「極端現象」は「異常気象」の意味も含めて用いられることが多くなっていますが、とくに厳密な定義はなされていません。近年の世界の極端現象としては、上記の西ヨーロッパの熱波とならんで、2005年に米国を襲った巨大ハリケーン「カトリーナ」や、2008年ミャンマーで多数の死者を出したサイクロン「ナルギス」があげられます。温暖化に伴って生じたと考えられる海面水温上昇によって、ハリケーンの強度は大きくなっているとみられています。また、豪雨によって、中国やインドでは、洪水の大きな被害がもたらされています。年間の総雨量に変化があまりないところでも、降雨日当たりの降雨量が増大する傾向が世界的にみられます。降るときはザーッと降り、日照りの日数も増えるという傾向です。

異常気象には、めったに起きない特別な気象の意味がこめられていますが、その〝強度が激しくなったり、頻度を増したり〟する傾向がみられます。

――『温暖化の世界地図』では、過去1,000年間でみて産業革命以後に急激に増大したCO_2の大気中濃度や地球の温度の数値が示されています。数値やグラフ、さらに地図をどのようにとらえ、理解したらよいでしょうか。

若い人には見開きのページを読んでいただければ、世界の分布状況が一目でわかりますから、一段と関心のあるテーマのページへと進むことになると思います。数値よりは相対的に理解する、つまり主題ごとに比較して理解を深めることが重要です。例えば、「氷河の後退」の全体像をみますと、南極を含めた7大陸のほとんどの氷河が急速に後退していることがわかります。長期的な気温の変化による影響として氷河の後退・縮小が、はっきりとした証拠を示してくれます。また、衛星写真によって北極の海氷面積の縮小がとらえられ、1979年夏と2005年夏とが比較されています。

―― 2007年のノーベル平和賞は、アル・ゴア元アメリカ副大統領とIPCCに授与されましたが、その歴史的な意義とあわせて、これからの若い世代に対してどのような指針を示したらよいとお考えですか。

IPCCが設立された1988年以降、2007年まで4回にわたって評価報告書が公表されてきました。気候変化に関する最新の知見を集め、科学的、経済的な評価をすることからスタートし、国際的な政策に基礎情報として反映されてきました。2007年にまとめられた第4次評価報告書は現在重要な役割を果たしています。そこには日本の成果も生かされています。画期的な点は、「気候システムの温暖化には疑う余地がない」こと、「20世紀半ば以降の気温上昇のほとんど」は、太陽の活動とか火山噴火といった自然起源の要因ではなく、「人為起源の温室効果ガスの増加によってもたらされている可能性が非常に高い」としている点です。

また、いま見落としてはならないのは、気候を強く支配するのは海だという点です。海面からの水深は平均4,000メートルですが、すでに3,000メートルぐらいまで海水が温まってしまっています。海は外力に対してゆっくり応答します。海水温の上昇による気候全体への影響は、かりに大気中の温室効果ガスが規制されても今後も長期間気候に影響し続けます。これまで人類が当然のこととして工業化や都市化を進め、化石燃料に過度に依存していたことが根本的に見直されねばならない時代に入ったといえます。これまでは炭素に基づくエネルギーによる発展や成長が一方的であっても許されていたわけですが、これからは低炭素社会の実現に向けて、世界全体のエネルギー消費の効率化や、再生可能エネルギーの活用、生活スタイルの工夫、さらには二酸化炭素の回収・貯留などの技術開発など、低減や削減の努力とともに、すでに進行中の気候変化のもとにある地球環境にいかに適応していくかが、私たちひとりひとりに突きつけられているわけで、それなりの覚悟を決めねばならないでしょう。しかし、上記の低酸素社会へ向けての先端技術の面で、今後日本は大きく世界に貢献する潜在的な力を持っていると思います。

[6つの大陸の自然]

気象衛星ノアからの写真をスーパーコンピュータで処理した地球のイメージ図。球体を平面に描いています。陸地は自然のままの色。海洋は温度の違いによって色分けされています。淡い青は低温域、濃い青は高温域を示しています。

地図出典：『世界 海の百科図鑑』（ジョン・バーネット編／川口弘一、平啓介監訳／東洋書林／2004年）

［第3章］
南と北の森林に危険信号

ノルウェーが熱帯雨林を守る理由

山岳氷河とフィヨルドで知られるノルウェーから便りが届きました。IT 分野で優れた業績をあげているノルウェー科学技術大学の研究スタッフから、2007 年以来交流を続けている私たちのグループに届いたものです。

すでにみなさんもご存じの通り、地球温暖化の原因とされる温室効果ガスの排出量を減らす動きが世界各地でみられます。国内では、一般事業所に限らず、高校生自身の発案でゴミの減量とあわせて、CO_2 削減に取り組んでいる学校が増えていると聞いています。

今回の便りには、ノルウェーが国をあげて「2030 年までに温室効果ガスの排出量をゼロにする」と宣言したとありました。ノルウェーはどのようにして〝排出量ゼロ〟を達成しようとしているのでしょうか?　国民 1 人当たりの GDP（国内総生産）が世界上位にランクされている豊かな国ノルウェーが、経済成長を持続させながら、エネルギー消費を抑えることができるのでしょうか?

ノルウェー科学技術大学の研究スタッフは、具体的な方策には触れておりませんので、今後随時同大学やノルウェー政府を通して、排出量ゼロ達成のためのロードマップ（行動計画）がどんなものか質《ただ》していきたいと思います。ただ基本的にはクリーンエネルギーや代替エネルギーの研究開発を促進することとあわせて、ブラジルの熱帯雨林の破壊防止や森林保全に積極的に関与する意向を表明していますので、期待したいところです。

ところで、西海岸は温帯気候になっているものの、北は北極海、南は北海に面しているヨーロッパの北限に位置するノルウェーがなぜ南の熱帯雨林の保全に積極的になるのでしょうか？

熱帯雨林と二酸化炭素

シベリア先住民の〝山岳地帯の森〟を意味する言葉に由来するロシア語で、タイガ（taiga）と呼ばれる針葉樹林帯は、北極圏を中心にシベリア、アラスカ、カナダに広く分布しています。一方、熱帯雨林は赤道を中心に南北の回帰線に挟まれた低緯度地域に分布しています。細かい森林区分はともかくとして、各国の専門家は温室効果ガスとの関連で「熱帯雨林とタイガには共通の危険信号が点滅している」と警告しています。

〝水の循環〟の観点で見落としがちなのが、樹木の葉を通しての蒸発です。大木ほど地中深く根を張って地下水を吸い上げて栄養をとっています。また、呼吸によって酸素を吸い二酸化炭素を出すのは私たち人間も植物も同じですが、植物は晴れた日の昼間には呼吸よりも光合成がはるかに盛んに行われます。そのため、二酸化炭素が吸収され酸素のほうが多く放出されるのです。

緑のじゅうたんをえんえんと敷きつめたように続く北の針葉樹林と南の熱帯雨林に危険信号が点滅し始めた——これは一体なにを意味するのでしょうか？

とくにシベリアでは、森林を支える土壌、つまり凍りついた地層（永久凍土）が気温上昇とともに融け始め、周辺の湖沼《こしょう》が年々拡大しています。 タイガの場合、森林火災で最も心配されているのは、地中に閉じ込められているメタンが空中に放出されることです。なぜなら、メタンも温室効果ガスだからです。また、凍土の融解もメタンやCO_2の放出につながります。 一方、熱帯雨林については、南米、東南アジア、アフリカなど各地で破壊が進み、過去50年間で樹海がいくつも姿を消しています。

森林は地球の財産

——豊かな太陽、豊かな水、多種多様な動植物、昆虫、さらには研究者にとって貴重な宝物とさえみられている微生物などが満ちあふれ、森の生態系がバランスよく保たれていた。

多くの探検家や研究者たちが残した記録には、破壊される前のアマゾンの魅力がぎっしり詰まっています。 熱帯雨林の伐採《ばっさい》や焼畑は、タイガにみられるメタンの大気への放出と同様の悪影響をもたらすだけでなく、水の循環のバランスを崩してしまいます。樹木を通しての地下水の蒸発、さらには降雨の循環が断ち切られ、ダムの役割を果たす森の保水力が失われることによる洪水へとつながります。洪水被害は樹木の流出にとどまらず、表土を削りとり、再び地中のメタンを放出するという悪循環を繰り返します。

どの国よりも早く温室効果ガス排出量ゼロ達成を国家目標としたノルウェーが、ブラジルの熱帯雨林の現状に危機感を抱いたとしても不思議はないでしょう。**CO_2 排出量取引（注）**の相手国をブラジルにしたとしても、アマゾンを世界共通の財産とみなし、〝森林保全の輪〟を地球人に呼びかけるきっかけにしたとすれば、後世の人々に評価されると思います。

光、水、酸素、二酸化炭素、植物、そしてエネルギーのバランスによって、地球は生物にとって居心地《いごこち》のよい環境へと進化を遂げてきたといってよいでしょう。大きな自然の営みのなかで水も酸素も人類にとっては、他の生物同様不可欠なものなのです。富める国、貧しい国の立場を超えて、いま一度〝北と南の森林〟に思いをはせ、川や風の音、鳥や動物たちの声に耳を傾けてみてはいかがでしょうか——。

（注）CO_2 排出量取引

温室効果ガスCO_2の削減量については、各国ごとに割り当てられていますが、それ以上に削減した場合、余分に減らした分を他国と取引（売買）することができます。ノルウェーの場合、森林保全のための技術協力などをすることによって自国の削減量に加算すると思われます。他国の排出量削減に協力することによって自国分にプラスすることができるように制度化されています。

樹木被覆《ひふく》率を示す世界地図

ドイツの気象学者ウラジミール・ケッペンによる世界の気候区分図と植生分布図は一致しています。英語表記によるとEquator（赤道）を挟んで、北半球のTropic of Cancer（北回帰線）と南半球のTropic of Capricorn（南回帰線）の間に位置するアフリカ、南米、中南米、南アジア一帯は、熱帯と乾燥帯に区分されています。植物分布も、高い気温と多い降雨量に適した常緑広葉樹の熱帯雨林によって特徴づけられています。

オーストラリア、アフリカ、北アメリカ、ユーラシアの一部には雨の少ない砂漠が分布。オアシス以外植物はみられませんが、隣接するステップやサバナにも樹木は少なく、草原が広がっています。ヨーロッパ、東アジア、北アメリカ一帯は温帯に区分され、四季がはっきりしていて、広葉樹と針葉樹の混合林のほか、照葉樹が繁殖しています。北半球高緯度のカナダ、ユーラシアの北方は、亜寒帯として針葉樹のタイガが発達し、北極海に面し、夏が短く雪と氷に覆われるツンドラは寒帯に区分されています。

なお、右の地図では、樹木の比率が高い地域を濃い緑色で示しています。

樹木被覆率を示す世界地図（２０００年）

資料提供：地球地図国際運営委員会事務局

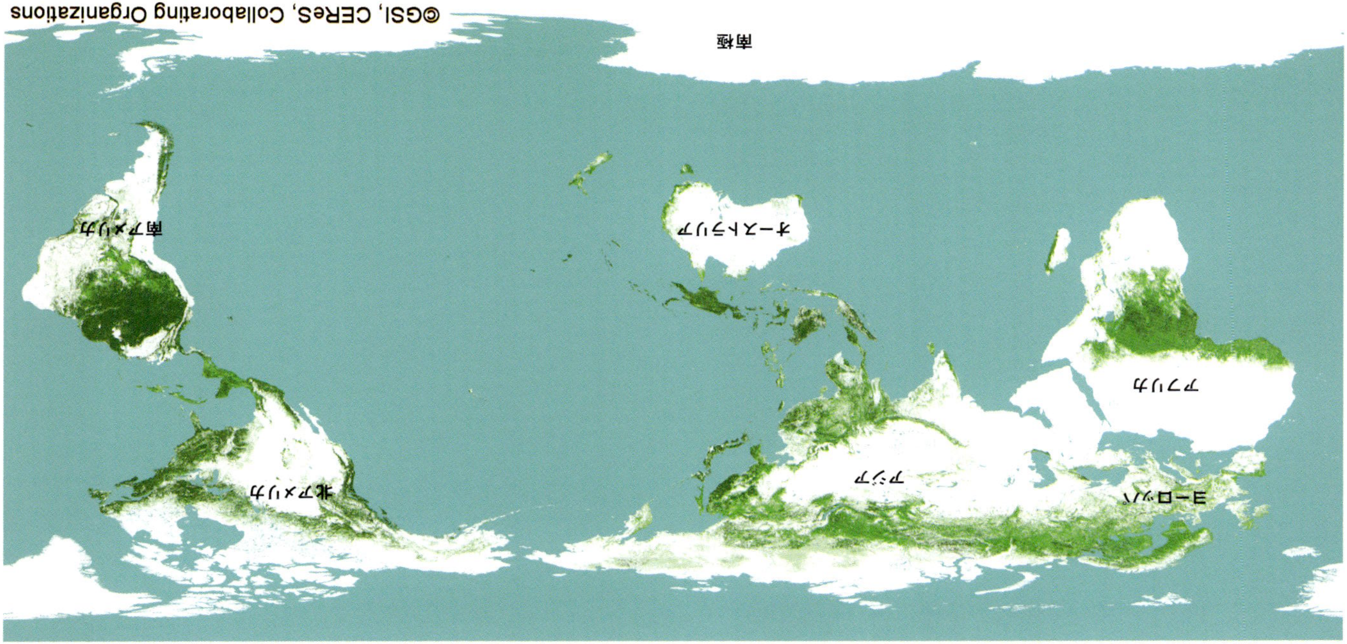

［第4章］
人口増と都市化
～先進国対途上国～

人口爆発と人口減少が同時に起きている

OECD（経済協力開発機構）による15歳学力調査に参加した57の国・地域のなかで、15歳未満の年少人口の割合が最も高い国はどこか、また65歳以上の老年人口の割合が高い国はどこか？　答えは後述しますが、地球環境を考えるとき、見落とせないのが増え続ける人口と都市化の進展です。

6つの大陸のうち人口増加率が高いのがアフリカ、減少傾向を示しているのがヨーロッパ、また都市への人口集中が顕著なのが南アメリカです。

国連の世界人口推計調査は、2007年の世界の人口66億7,123万人に対して、2050年には91億9,125万人に達するとしています。年平均増加率1.19％に対して、アフリカは2.30％、オーストラリアを含むオセアニアは1.24％、南アメリカ1.27％、北アメリカ0.98％、アジア1.15％とそれぞれ増加し、ヨーロッパは0.1％減少すると予測しています。

予測のうち、きわだった点は先進国、発展途上国とも高齢化が進み、2040 年には 65 歳以上の人口は 12 億 5,913 万人で、世界人口の 14.3% を占めるとされていることです。

人口統計では 65 歳以上の占める割合が 7% を超えると「高齢化社会」、14% を超えれば「高齢社会」とされています。

OECD 参加国を中心とした前述 57 の国・地域のうち年少人口の割合が最も高いのはトルコの 28.8% 、次いでニュージーランドの 21.8% です。アメリカの 20.5% が 3 番目に続いています。6 つの大陸を含めると、アフリカ諸国がおしなべて若い世代の割合が高く、最新のデータではウガンダの 49.3% が最高となっています。わが国の場合、高齢化率 21% で世界最高、また年少人口比率は 13.6% で世界最低水準に落ち込んでいます。2050 年の予測でも、高齢化率 35.7% 、年少人口比率 10.8% で、それぞれ世界の最高と最低を示しています。少子高齢化のトップを走っている日本の姿が数字の上ではっきり示されています。

世界人口の半分が都市に住んでいる

都市化現象も、経済成長とともに顕在化するのは世界各国共通です。わが国では 1960 年代に地方の若年労働者を企業が大量に採用したこともあって都市化が進みました。大都市圏への人の流入が急速に進んだのです。しかし、1990 年代に入ってからは 15 － 64 歳の働き手は減少し、少子高齢化によって若年労働力も減少しています。現在の状況については、大都市圏が経済的に豊かであるのに対して、地方では県民所得をみても低所得の県が数多くみられ、地域間格差が拡大しています。

6大陸のうち人口が都市に集中しているのは、南アメリカです。アルゼンチン、ベネズエラ、ウルグアイは人口の90%以上が、またブラジル、チリは人口の85%以上が都市に住んでいます。

南米特有の地形や自然条件が、とくに内陸部において人間の居住を拒絶している側面もありますが、「資源国・農業国」の産業構造の変化が都市化を加速しているとみてよいでしょう。

南米各国で人口の都市化率の高い5ヵ国（アルゼンチン・ウルグアイ・チリ・ブラジル・ベネズエラ）の産業別人口構成をみても、第1次産業（農・林・漁業）でおよそ20%を維持しているのはブラジルのみで、他はアルゼンチンの0.8%からチリの12.3%の間となっています。

第2次産業（製造業）の人口比率は、おしなべて20%台です。第3次産業（サービス業）の場合はこの5ヵ国に限らず、ペルー、ボリビア、エクアドル、コロンビアでも60－80%の高い割合を占めています。

よりよい生活を求めて都市に人々が集まるのを止めることはどこの国でもむずかしく、当然のことながら都市基盤整備の後れから、住宅難、交通渋滞、大気汚染、水不足、騒音などの問題に直面しています。世界人口の半分33億人が都市に住み、都市が排出するCO_2は世界全体の70%と見積もられています。

ヒートアイランド現象を含めた都市気象と温暖化を切り離して

は考えられないとする人は年々増えています。日中の気温が35℃を超え、夜間の最低気温が25℃以上の熱帯夜が続くと、大都市では熱中症による死亡率が高くなるとされています。気象専門家も熱波は所によって今後一段と激しくなると予測しています。

都市化が拡大させる貧困

先進国、発展途上国とも都市化のもたらす弊害については共通の認識を持っているとみてもよいのですが、温暖化についてはまだまだ大きなギャップがあるのも現実です。

南半球の低緯度地域の国々には地球上最も貧しい人々が住んでいます。アフリカやアジアのこうした貧しい国々では、この十数年洪水や干ばつの被害が目立っています。さらに見逃せないのは、森林伐採による洪水に加えて、サイクロン、ハリケーン、モンスーンの来襲がこれまでより激しいうえ、頻度も増えている点です。温暖化による気候変動が、貧しい国の被害を拡大し、人々の生活をおびやかしているのです。

都市問題、自然災害、貧困等について、国境を越えた共通の危機として私たちはどれだけ重く受け止められるか――。

すでに国際通貨基金（IMF。世界的な金融協力や為替相場の安定などを目的とした国際連合の専門機関）などの国際機関をはじめ、社会起業家（ソーシャル・アントレプレナー。主に教育の向上や貧しい人々の生活改善など、社会の課題を事業により解決しようとする人を指す）など、さまざまな立場から、「貧しい国に対して先進国にも責任がある」として、支援の手を差しのべる動きも活発です。

このような支援では、どこにどのような形で成功例があるのでしょうか？　みなさんもそのよい事例をひとつひとつチェックして、CO_2削減と貧困解消につなげられるかどうか追跡してみてはどうでしょうか。

なお、国連の「世界人口白書2007」によると、2030年までに都市居住者は約50億人にまで増加すると見込まれています。とくにアフリカとアジアにおける都市人口は倍増し、その多くは貧困層となり、経済成長とあわせてスラム化も同時に進むとされています。

巨大都市（1,000万人以上）については、1位の東京（3,640万人・2025年予測数）を含め、アジアの7都市（ムンバイ・デリー・ダッカ・コルカタ・上海・カラチ）が10位内に入り、11位に中央アフリカのキンシャサ（コンゴ民主共和国）、12位に西アフリカのラゴス（ナイジェリア）が、増加率2.45－4.01％の伸びで続いています。

農村から都市への人口移動は、巨大都市に限らず、規模の小さい都市や町にもみられ、同白書は貧困層の都市における生活改善策を緊急課題として提示し、各国政府に働きかけています。

年齢階級区分と人口ピラミッド

年齢階級区分では、通常０－14歳を年少人口、15－64歳を生産年齢人口、65歳以上を老年人口として３階級に区分するのが一般的です。人口ピラミッド（人口構成を表すグラフ）では０－４歳、５－９歳のように年齢５歳ずつの階級区分によって表します。縦軸に年齢階級を、横軸に人口数を示し、グラフの中央を境に左側に男子人口、右側に女子人口を帯状で表します。昭和初期の日本の人口構成では、男女とも年少人口の割合が高く、グラフでは上部がとがり、下部に向かって次第に裾野《すその》が広がる文字通りのピラミッド型（富士山型）でした。第２次世界大戦直後の第１次ベビーブーム（1947－49年）と第２次ベビーブーム（1971－74年）によって、現在の人口のピラミッドでは定年を迎えた団塊の世代とその子どもたちの年齢階級の帯が他の年齢階級より飛び出して、富士山型からヒョウタン型に変化しています。

一方、現在世界一の人口を抱える中国の人口ピラミッドは、裾《すそ》がすぼまって40－44歳階級の帯が最も長くなっています。若年層が減っているのは、中国政府の「一人っ子政策」の結果を示すものです。１組の夫婦に子どもは１人に限るとする産児制限の制度が導入された1980年の人口は９億9,900万人でした。一人っ子政策を導入しなければ、2000年までにさらに３億4,000万人が増え、自然増のまま放《ほう》っておけば全員が食糧難に見舞われてしまうと考えられたのです。2009年までに中国の人口は13億人を超えています。

また、世界の最貧国のひとつとされるアフリカ南部のボツワナの2000年と2050年のピラミッドを比較しますと、2000年は富士山型であるのに対して、2050年の予測図では、女性の40歳以上の年齢階級の帯が著しく短くなっています。ボツワナでは現在、働き盛りの15－49歳の40%がエイズに感染しているといわれ、青年期から壮年期にかけて亡くなる人が多く、国の将来に大きな影を落としているのが読みとれます。インドの場合2050年には中国を抜いて世界最大の人口大国になるとされ、人口ピラミッドでも生産年齢人口の帯が各階級ともふくらんで、釣《つり》鐘《がね》型に表現されています。

なお、大陸別の人口は、アジアの40億人（60%）、次いでアフリカの9.6億人（14%）、ヨーロッパの7億人（11%）、南米の5.7億人（5.7%）、北米の3.3億人（5.1%）、オセアニアの3,300万人（0.5%）の順となっています。

Interview

世界を知るために、まず自分を知る

池上清子《いけがみきよこ》
国連人口基金 東京事務所長

――近代化に伴って、死亡率が低下し、経済成長や都市化とともに出生率も減少傾向を示す「人口転換」が最も早くみられたのがヨーロッパ、ついで日本といわれています。人口増と都市化に伴う貧困層の増大も世界共通の現象とみてよいのか、また6大陸にはそれぞれに大きな違いがみられるのでしょうか？

人口増加率は、圧倒的にアフリカ、とくにサハラ以南のアフリカ諸国が高くなっています。最近の世界人口は1年間に約7,600万人が増加しています。しかも、そのうち96％は開発途上国で増えています。一方で、ドイツ、イタリア、スペインなどのヨーロッパ諸国のほか、日本、韓国などの東アジア諸国でも少子化が進んでいます。少子化の要因としては、晩婚化、未婚化、育児のむずかしさ、教育費の高さなども指摘されています。

―― 1970年代にはローマクラブ（学者や経営者などで構成され地球全体の問題に対処するためにイタリアで設立された民間組織）の「成長の限界」が発表され、人口増加が成長の妨げになるとの観点から、数の抑制に知恵を絞る傾向が強かったように思います。また、子どもを〝労働力〟として当てにしなくてもよい状態まで、まずは経済開発を進めるべきだと、途上国側は主張したと聞いています。乳幼児の死亡率を減らし、飢餓人口をいかに減らすかが重要だと思いますが、国連の目標とする指標にはどのようなものがあるのでしょうか？

1994年の国際人口開発会議、通称カイロ会議と呼んでいますが、この会議以前は、人口政策においても市場経済万能主義の考え方が主流でした。しかし、カイロ会議で家族計画やジェンダー（社会的性差）をふまえた「行動計画」が採択され、ここではじめて取り入れられたのが「リプロダクティブ・ヘルス」（Reproductive Health）という考え方です。日本語に訳すと「性と生殖に関する健康」となります。具体的には、産む性である女性の生き方や、妊産婦の健康を守ることを基本としながら、すべての個人とカップルが家族をつくるうえで必要な健康維持のシステムを、それぞれの地域社会で構築することまでを含みます。それを推進するのが、国連人口基金（UNFPA、United Nations Population Fund）の役割です。

――この「リプロダクティブ・ヘルス」を推進するために、どのようなことが必要とされているのでしょうか？

国際社会が推進する国連のミレニアム開発目標のなかの第５目標「妊産婦の健康の改善」には、いくつかの指標があります。例えばリプロダクティブ・ヘルスに関しては、少女（15－19歳）の妊娠・出産数や妊婦健診を受ける回数、さらには避妊実行率などがあります。あわせて、出産間隔をあけることの必要性を各国の関係者に訴えています。出産間隔が短いと、未熟児出産の確率が高くなるのです。安全に赤ちゃんを産み、健康に育てられる環境を整えるためにリプロダクティブ・ヘルスの改善に取り組んできましたが、開発途上国でも、健康な赤ちゃんをお父さんたちとともに村ぐるみで育てようという呼びかけに理解が得られてきていると思います。

――途上国の現状として、乳幼児や妊産婦の死亡率が高いという問題があります。これからどのような取り組みが必要ですか？

サハラ以南のアフリカ諸国では、女性の56％が助産師などの専門家による立ち会いのないまま出産しています。また、１年間に53万人以上の女性が妊娠・出産が原因で死亡しており、それは１分間に１人という割合となります。そのほとんどが助かる命であるにもかかわらず、です。この点、草の根レベルの保健システムの整備が必要です。また、日本で発行されている母子健康手帳は、母と子の健康を守るための大切な道具《ツール》のひとつとして各国から注目されています。ここで少し、私の個人的体験をお話しさせていただきます。ニューヨークの国連本部で働いていたときに出産したのですが、お医者さんからは、はじめ自然分娩《ぶんべん》でいきますと言われました。ところが、4,000グラムを超える赤ちゃんだったので、陣痛が始まったものの、12時間経っても頭が下りてきませんでした。結局、X線検査に基づいて帝王切開となりました。医療施設も医師や看護師もニューヨークだからそろっていました。しかし、もし急遽《きゆうきよ》、帝王切開に切り換えるという判断がなかったら、出血多量などの原因で命を落としていたかもしれない、これが開発途上国で起きていたら自分も赤ちゃんも助からなかったのではないかと思いました。

貧しい開発途上国に住む女性の場合には、出産の際に先進国の女性の何百倍も高い確率で命を落とす危険性があります。これまで世界50ヵ国以上をまわって感じたのは、家族のなかでは母親の存在が大きいこと、健康を守る大黒柱として、子どもたちの成長

にはきわめて重要な役割を果たしているということです。途上国のお母さんたちには、「出産間隔をあけて産んで、健康な赤ちゃんを大切に育てましょう」と話してきました。カップルが、ほしいと思う数の子どもを産み、母子ともに無事出産を経て、健康にすごすことが大切だと考えています。

女性が生涯を通して何人の子どもを生み育てるか。開発途上国では、個人の自由意志で出産を選択することはいまだに容易ではありません。人口ピラミッドをみてもわかりますように、戦争や疫《しっ》病《ぺい》、また人口政策としての産児制限は、20年以上の歳月を経て、人口ピラミッドに不自然な凹凸としてあらわれます。なんらかの強制力によって数を増やしたり、減らしたりするのではなく、ひとりひとりの選択をいかに大事し、そのための環境を整え、それぞれが個人の自由意志で選択できる能力を持てるようにするためには、どうすればよいのか。また母子の健康を社会全体でどうサポートできるか、どんな仕組みが役立つのか。このような問題を男性と一緒に考え、文化的な価値観、政治体制の違いや国境を越えて若い世代に正しいメッセージを伝えていきたいと思います。

——世界が抱える多くの課題は、人口問題——人口増に限らず、少子化や貧困・飢餓など——と深くかかわっています。都市問題こそ人口移動と人々の行動に起因しているといってよいのではないでしょうか？　温暖化に代表される環境問題と人口問題とを関連づけて考えねばならない時代を迎えていると思いますが——。

まず、1日約1ドルで生活する人が14億人もいる現状を考えますと、水や食料など限られた資源の確保と公平な分配が課題となります。気候変動による最初の犠牲者は、貧困層です。さらに貧困は、社会的に弱い立場にいる女性や子どもを襲います。格差をなくし、本来ならば死なずにすむ彼らの命を、なんとしても守りたい、それが私たちの目標です。

また、今後は内外を問わず、できるだけ若い人たちと話す機会を増やしたいと思っています。とかく人口問題は、数の問題という観点からのみとらえられがちですが、そうすると国により宗教により、また政治的な立場により認識に違いがあったり、現場で意見の対立をみたりします。若い人たちに、世界は多様で、それぞれに違いがあることをまず知ってもらうことが大切です。違いを認めて話し合う場合、自分自身がどのように思うか、どう感じたかをはっきり伝えなければなりません。

みなさんには水平思考をおすすめします。どうしても既成の枠《わく》にとらわれてしまいがちですが、違う視点を持ち、マルチな視野で問題解決にあたってみると道が開ける——そんな場面を私自身いろいろ体験してきました。

日本は、ヨーロッパが経験した「人口転換」を、遅れてではありますが極めて急速に実現させ、人口ボーナスを十分に活用し、経済成長とともに先進国になりました。もちろん、先進国の一員として日本も、地球規模の課題の解決にあたっていますが、万能薬や特効薬はなく、手探り状態です。こういう時代だからこそ、日本としての座標軸をはっきり示し、私たちひとりひとりが率先して、地球市民の立場から世界に貢献できるように、それぞれの場でできることをしていくことが重要ではないでしょうか。

［第5章］
24億人の変身
～中国・インドの行方～

地球は満員電車！？

13億人の中国と11億人のインドが速いテンポで変身を図っています。両国の経済成長に伴うエネルギー消費について、「1万ドルのGDPを創出するのに中国のエネルギー消費は日本の6倍」、さらには「中国とインドが日本と同じレベルの1人当たりの石油消費を必要とすれば、現在の世界全体の石油需要を上回る」といった試算があります。

地球人口が24億人を超えたのは、1940年代後半です。その後60年間で40億人が増えています。これからBRICs（ブラジル・ロシア・インド・中国）やそのほかの新興国における都市化の進展と中産階級の急増によって地球は一段と〝満員電車〟の様相を呈することになるのでしょうか？

BRICsの特長としては、人口の多さ、広大な国土、豊富な天然資源があげられます。国別にみた場合、人口1位は中国の13億人、2位インドの11億人、5位ブラジルの1.9億人、9位ロシアの1.4億人です。ちなみに国土面積1位のロシアの1707.5万平方キロメートルは日本の面積の45倍に相当します。

「投資立国」中国の戦略

国を繁栄させるために、海外への製品輸出で外貨を獲得する国を「貿易立国」、海外への投資によって外貨を得る国を「投資立国」と呼びます。「貿易立国」としての日本と対比して中国を「世界の工場」ととらえる見方が依然支配的ですが、昨今の成長ぶりをみるにつけ、「貿易立国」と「投資立国」を兼ねた姿がみえてきます。

2007年世界貿易に占める各国輸出額のシェアでは、輸出総額1,390兆円のうち、1位はドイツの9.5％、中国は8.8％とアメリカ（8.4％）、日本（5.1％）を抜いて2位に躍り出ています（WTO・世界貿易機関調べ）。

また、貿易を続けるためには、外国製品を購入する際に外貨をどれだけ保有しているかが重要です。長い間日本が1位を占めてきた外貨準備高（ドル保有高）についても、2006年2月に中国が日本を抜いて1位となりました。2009年7月現在では、日本の1兆191億ドル（約100兆円）に対して、中国は2倍の2兆1316億ドル（約200兆円）となっています。

ただ、外貨準備高が多いからその国は裕福であるとは必ずしもいえません。それは、その国の1人当たりのGDPをみるとわかります。2007年の日本の1人当たりＧＤＰが3万8,000ドル近いのに対して、中国の1人当たりのGDPは、わずか2,500ドルほどです。豊かな国のルクセンブルク、ノルウェー、スイスの1人当たりGDPがおよそ6万から7万6,000ドルになっているのをみると、成長の実りが中国の国民ひとりひとりの暮らしにまで浸透しているとはいえません。

中国が外国の資本を呼び込んで、つぎつぎと工場を建設し、各種製品を輸出してきた結果、貿易黒字が増加したのです。これに加えて中国政府が中国の通貨である「人民元《げん》」を上昇させないように、流入した外貨（ドル）を購入し続けたため、とくに2007年1年間に外貨準備高が急増しました。

わが国でも、1970年代国際収支（第8章参照）の黒字が大きくなり、当時360円の固定為替《かわせ》相場制のもとで、アメリカから円の切り上げを要求されたのでした。このような中国は、当時の日本の事情とよく似ているといわれます。自国通貨と外国通貨を交換する場合、自国通貨の「円」が高くなれば為替差損が生じ、輸出品価格の上昇につながり、ひいては輸出減少になると心配されました。このため日銀は、外国為替市場で大規模なドル買い介入を行って「円安」を意図的につくりだしました。中国でも「元売り」「ドル買い」を進めたため、外貨準備高が増大しています。

こうしてたまった外貨を中国は、2007年から海外投資に向け始めました。すでに中国の政府系ファンドCICは、サブプライムローン（信用力の低い個人向け住宅融資）によって巨額損失を出し、投資銀行から金融持株会社へ移行したモルガン・スタンレーに対して5,000億円を投資しています。

これまでの外資（外国資本）誘致から海外投資を奨励する政策へと転換を図った具体例です。資源国といわれるアフリカ15ヵ国への中国企業による投資もそのあらわれのひとつです。

金融市場へは、より高い利益率を求め、資源国へは原材料の原油、金属を求めるといった方針転換は、これまでの「安い中国」からの脱皮を図るのが狙《ねら》いとみてよいでしょう。

13億人の動きも激しく、都市人口は毎年1.5億人増えているといわれています。農民8億人のうち出稼ぎ労働者も年間2億人にのぼり、自然災害が後押しする格好で農村の荒廃をもたらしています。

工業化のスピードがあまりにも速いため、都市化が加速し、都市と農村の格差――都市生活者の所得は、農民所得の10倍――を拡大させています。

一方、第4章で触れました人口の年齢構成に関しても、生産年齢人口（15－64歳）が2015年から減少に転じ、農業に限らず産業分野全般で人手不足におちいると予測されています。

「世界の工場」が、「貿易」からさらに「投資」へと一気に転換を図ることができるのか、世界が13億人の行方を見守っています。

インドの頭脳パワーが世界を揺らす

IT産業で著しい成長をみせているインドについて、「2010年ごろには、英語を話す人間が世界で一番多い国になる」と予測するのは、『ハイ・コンセプト「新しいこと」を考え出す人の時代』（大前研一訳／三笠書房）の著者ダニエル・ピンク氏。

ニューヨークタイムズ・コラムニストのトーマス・フリードマン氏は、その著書『フラット化する世界』（第11章参照）の中で、優秀な知識労働者を生み出しているインドの歴史的背景を詳細に述べ、とくに「世界のフラット化」の流れを「インドのシリコンバレー」といわれる大都市ベンガルール（バンガロール）で直感したと告白しています。

〝水平的で全体像を把握する力〟を力説するピンク氏の〝右脳を進化させる方法〟についても言及し、これからは〝右脳の仕事〟（創造的発想に基づく仕事）をたくみにやりこなす人間が求められているとしています。

アメリカのジョージア工科大学における教育改革の動き、例えば音楽活動を通しての人材育成は、特筆に値するもので、適応力のある学生を輩出するという成果の一部始終をフリードマン氏は大変ユーモラスに描いています。

アメリカなどからのアウトソーシング（外部委託）が急増し、ビジネスの創出やソフトウェアの輸出増も重なって成長を続けるインドの姿をみるにつけ、アメリカでは従来の教育制度のままだと、優秀なインド人に仕事を奪われ、生き残れなくなることを心配する声が産業界を中心に高まっています。企業が必要とする人材の育成に大学も対応を迫られているのです。

インドの底力

地球規模で広がる金融危機によって、2008年秋以降世界貿易の縮小の打撃をもろに受けたのが輸出大国の中国でした。経済の半分以上を外需に頼ってきた中国に対して、一方のインドは４分の３が内需。農業をはじめ、サービス産業も製造業の落ち込みに比べ堅調を続けています。

21世紀に入ってインド経済の牽引《けんいん》力となってきたIT産業の場合、2008年の成長率は全産業の平均をはるかに上回る20％の伸びをみせました。とりわけ、アメリカ、中国、日本が失業者の増加におびえている状況のなかで、ＩＴ分野だけで2009年には新たに10万人の雇用創出が計画されました。

インドはインフラ整備にも力を入れ、道路と並んで通信分野にも早くから着手し、携帯電話と固定電話の加入者は３億人を超えました。このようにインド政府の景気刺激策は、内需拡大が中心となっています。中国のように都市部の中間所得者層をターゲットにせず、貧困層あるいは中産階級予備軍を対象としています。

各国の経済が借金依存を高めていたときでも、インドではアメリカの投資銀行が扱っていた証券化商品など資産運用のための有利な取引を制限してきました。その結果、インドの銀行は巨額の不良債権を抱え込まずにすんだとされています。

貧困層に光があたることによって、働けば必ず収入が得られ、生活必需品に個人消費が向かうと予想されるだけに、インドでは需要の伸びと中産階級予備軍の増加が期待されています。

中国・インドの行方

世界的な食糧難と食料価格上昇は、中国・インドでの中産階級による食料需要の増加が要因となっています（第7章参照）。

石油や天然ガスなどのエネルギー資源に過度に依存するロシア経済に対して、インドの場合、油田を持たないだけに全輸入品に占める原油の割合は2008年では33.9%とBRICsのなかで最も高くなっています。原油価格の高騰は、今後インドにとって重い足かせになっていくのでしょうか？

新興国の台頭は、グローバリゼーションのなかで新旧交代を加速させ、身につけたばかりの技術をすぐに時代後れにしてしまいがちです。そして、それは国境を越えて波及しているのです。

中国・インドにとって、成長に伴うエネルギー消費とグローバルな変化にどのように対応していくかが、重要な課題となっています。

[第6章]
「都市の鉱脈」とは？
〜レアメタル不足に対処〜

エネルギーが足りない！

新興国では、好況を反映してお金が動き、人々の生活が豊かになり、食料品やエネルギーの需要が増えています。資源の少ない日本では、原油も小麦もほとんど輸入に頼っていますから、資源国、農業国での需要が増えて供給不足になると、輸入品の値段にはねかえってくるのです。ときには輸入を制限される場合も出てきます。

私たちの身の回りの食料品、電気製品に限らず、携帯電話の部品のひとつひとつをチェックしてみると、原産地、供給地、生産地がいかに多様な国々にまたがっているかがわかります。専門的には国境を越えた「生産・分業のネットワーク」が形成され、コストや効率を考慮して、適地生産が行われているためです。とりわけ中国を中心としたアジア各国間の貿易が拡大しています。

経済成長には大量のエネルギー消費が伴うことは、先進工業国では経験済みで、わが国でも1970年から80年にかけて経済成長の名のもとにエネルギーを大量に消費し、CO_2の排出量を増やし続けたのです。〝大量生産・大量消費〟のあと、私たちは〝大量廃棄〟に悩まされます。バブル期には〝廃棄物生産〟のためにエネルギーが使われた観すらあったといえます。

エネルギー大量消費型の成長パターンは、国内に限らず国境を接する国々への大気汚染、水質汚染といった環境被害をもたらすだけに、国際社会の批判を浴びています。中国では都市部の発展に光があたる反面、内陸部の環境悪化が暗い影を落としています。

エネルギーについては、資源としての石油、石炭、天然ガスに対して、風力、太陽光などの自然エネルギー（再生可能エネルギー）をわけて語るようになっています。また、「省エネルギー」には、エネルギーを節約することに加えて、エネルギーを効率よく使うことも含まれます。ひとりひとりが小まめに電気を消すことも大事ですが、生産と消費のうえで、必要な電気エネルギーや熱エネルギーを効率的に活用することが重要です。

電動ヒートポンプによる熱効率の向上や、ガソリン車よりエネルギー効率が高い燃料電池自動車の実用化といった技術革新に基づく資源・エネルギー節約型産業への転換が地球規模で求められていることがおわかりになるでしょう。

都市に眠るレアメタルを探せ

一方、モノづくりに欠かせない鉱物資源についてみますと、電子機器や精密機器を製造してきた日本の場合、「大都市こそ金、銀、銅の最大の鉱脈だ」という見方が生まれています。

原油、鉄鋼石をはじめ、主要金属、希少金属（レアメタル）などの資源確保が価格上昇によってむずかしくなり、わが国の製造業がこの数年苦境に立たされていることはよく知られているところです。

いろいろな対策が講じられるなかで、街で捨てられる携帯電話、パソコンなどの電子機器に含まれる貴重なレアメタルの回収が注目されています。

金属製品の精密加工には不可欠の「タングステン」、液晶プラズマディスプレー用材料の「インジウム」、デジタルカメラや携帯電話用の「レアアース」（希土類元素）など、レアメタルの産出は、中国、ロシアなどに偏在しています。コバルト、マンガン、モリブデンなどの産出もアフリカ、南米、オーストラリアに集中しています。

レアメタルをはじめ、電子機器の電子回路基盤に使われている金に目を向け、都市の廃棄物を「金やレアメタルの人工鉱床・鉱脈」としてリサイクルシステムの確立を提案しているのが東北大学の中村 崇《なかむらたかし》教授です。

すでに秋田県大館《おおだて》市では、東北大の協力を得て、レアメタルのリサイクルが始まりました。こうした動きが軌道に乗れば、国内需要をまかなえるだけでなく、輸入価格の高騰を抑える効果も期待できそうです。

資源は一体だれのもの

BRICsのなかで資源国として急成長をみせているのがロシアとブラジルです。

ロシアでは天然ガス、ブラジルではサトウキビからのバイオエタノール（ガソリン代替燃料）の需要が急増し、グローバル市場における価格上昇につながっています。

ロシアでは、地下に眠る大量の天然ガスをいかに生産し、ヨーロッパなどに輸出するかは、ソ連邦時代からの課題でしたが、生産コストや需要予測の点で二の足を踏んでいたのが実態です。現在確認されているロシアの天然ガス埋蔵量は、48兆立方メートルです。これは世界全体の埋蔵量の26.3%を占めています（イギリスBP社調べ）。天然ガスは、石油、石炭にくらべクリーンで効率がよいとされているため、世界各国から開発に期待が寄せられています。

それにしても、ロシアの輸出総額3,353億ドルのうちエネルギー資源の占める割合は64.4%（2007年）と極端に高く、世界的な原油の高騰も手伝って、ロシア経済については、「エネルギー・バブル状態で実体経済を反映していない」とする見方が強まっています。

ブラジルでは、サトウキビ栽培への切り替えのため、オレンジやグレープフルーツからの転作農家が急増しています。ガソリンに代わる燃料としてクリーンなバイオエタノールが注目され、原料のサトウキビの耕地面積が拡大しています。2005 年の場合、その耕地面積は前年比 2.9% 増、生産量は前年比 1.9% 増となっています。

エタノールとガソリンの双方に対応可能な〝フレックス燃料車〟（FFV）が、サンパウロを中心に、とくにガソリン価格が上昇してからは売り上げを伸ばし、2006 年には新車販売台数の 78% を占めるようになりました。

もうひとつブラジルの資源として、どうしても見落とせないのが第３章でも触れましたアマゾン流域の広大な熱帯雨林です。

残念ながら 30 年前から大規模な違法伐採が続き、ブラジル政府によれば、毎年東京都の６倍の面積の森林が失われてきました。森林消失面積は、66 万平方キロメートル。これは隣接するパラグアイと南米西岸のエクアドルの合計面積に匹敵します。違法伐採については、人工衛星による監視と取り締まりが強化されてはいるものの根絶できないため、消失面積のさらなる拡大が心配されています。

先進国が強い関心を示しているのが「森の宝」としての多様な生物です。未確認生物の存在をはじめ、動植物、さらには微生物にも関心がおよんでいます。木の実や草、樹液など生物たちが好むもの、先住民たちが長年にわたって受け継いできた薬草にいたるまで、研究者たちにとっては、新薬開発の対象となるものばかりです。

〝密林のバイオパワー〟（薬効成分）については、先進国独特の特許制度に制約されることなく、人類共通の貴重資源として守っていく道筋を見つけ出すべきだと思います。

「資源」への新しい視点

２００８年秋、２人の若手エコノミストが最新のデータを収集してまとめた『図解 資源の世界地図』（永濱利廣、鈴木将之編／青春新書）には、①石油②食料③鉱物④水産⑤環境⑥新エネルギーのテーマ別に32の〝資源地図〟が紹介されています。

石油資源について、「世界の原油の国別生産量」「世界の原油可採埋蔵量」を示す世界地図とともに「石油価格の推移」のグラフが併記され、原油価格が極端に上昇したり、反転し下落するといった変動のメカニズムにも触れています。そこには、敬遠されがちな経済問題への理解を深めてもらいたいという努力がうかがえます。

日本人にとって関心の高い水産資源については、乱獲のため漁獲規制が国際的に進む一方、養殖の生産量が急増。また、マグロ、エビ、タコ、ウナギの漁獲高とあわせて日本の輸入相手国も取り上げられ、なかでもタコの場合世界の漁獲高の3分の2（年間10万トン以上）を日本人が消費、その半分は西アフリカのモーリタニア（30%）、モロッコ（22%）、中国（15%）などからの輸入に頼っていることが絵図で紹介されています。

また、環境資源については、古紙、携帯電話、ペットボトル、バイオマス燃料（生ゴミ、家畜の糞尿など動植物を原料とした燃料）

を個別に取り上げ、二酸化炭素排出量の削減を大目標とする環境ビジネスの現状と将来像――全世界の市場規模約74兆円の内、国内規模は45兆円――を示しています。

あらゆる廃棄物を再利用することによって、「新エネルギー」が創出され、化石燃料への依存度を減らし、CO_2削減にもつながる、いわば一石三鳥となる可能性を環境ビジネスは秘めていると、「再生資源」に期待をこめ、成長性の高さを数字で示しています。

［第7章］

偏在する水資源

増える水需要

農業国としてのBRICs各国は、今後どれだけの農地を確保できるか、人口増にあわせてどれだけ生産高をあげられるか——。この課題は各国単独のものではないことが最近の報告で一段と鮮明になりました。

大豆、小麦、トウモロコシなどの穀物商品の値上げの理由には、生産地を襲った干ばつや異常気象による減産、世界的な需要増などがあげられています。しかし、農業大国における都市への人口流入が根底にあることを忘れてはなりません。

わが国の場合どうだったかふりかえってみましょう。まず、都市化が進み、都市周辺の農地がつぎつぎと減っていった経緯は記憶に新しいところです。稲作をはじめ、穀物、野菜の作付《さくづけ》には、場所（農地）、人（農民）、費用のほか水が欠かせません。

農業に利用される水（淡水・地表水と地下水）がどのくらい必要かご存じでしょうか？

作物ごとに、1キロ当たりの生産に必要な最低水量をみると、ジャガイモ500リットル、小麦900リットル、トウモロコシ1,100リットル、大豆1,650リットル、米1,900リットルとなっています。これに対して、食肉の場合は家畜用の水のほかに飼料を作るための水を加えますから、牛肉1キロ当たり1万5,000リットルの水が必要とされています。

アメリカ人が好んで食べる動物性食品の生産には、肉食の少ないアジア地域の人々の食品生産の2倍の水が必要になるといってもよいでしょう。中国、インドでも中産階級が増え、食生活も〝洋風化〟が進んでいます。中国料理には、豚肉やその他の肉類を使う料理も多く、食肉の需要は増える一方と報告されています。

限りある水資源

水資源は、淡水に限定した場合、国により地域により偏在しているため、地球全体として利用できる水は慢性的に不足している状態です。

昔からわが国でも水争いは絶えないのですが、農業用水、工業用水のほか、生活用水をどのように確保するか、頭の痛いところです。現在も産業用水と生活用水の綱引きは続いています。

東京では、戦後の成長期の1960年から70年にかけて、大量の地下水が汲《く》み上げられたため、地盤沈下とあわせて、帯水層が帯気層に変わってしまいました。地下水がなくなり、地下のすき間に大気が入り込み、広範囲にわたって、帯気層が出現したのです。さらに悪いことには、地中の鉱物が空気中の酸素を奪い、無酸素状態の空気が地下に充満したのです。こうした現象が起きていることを知らずに、地下鉄建設をはじめライフライン関係の大型工事が集中したうえ、他の要因も加わって酸欠による事故が多発したのです。現在は厳しい揚水《ようすい》規制が行われています。

地下水の過剰な汲み上げは、世界のいたるところでみられます。アースポリシー研究所の報告によると、中国の小麦生産地では収穫をあげるため地下水を大量に汲み上げてしまい、帯水層が急激に縮小し、結局、地下水の利用がストップ。農家もつぎつぎと小麦生産を取りやめる羽目になりました。

これらの事実から明らかになった「酸素は無限のものではなく、簡単に補給できない」というのは水にもあてはまります。北半球高緯度地域は、水に比較的恵まれています。しかし、都市化と人口増に降雨量の減少が重なれば、南半球低緯度の乾燥地と同じように水飢饉《みずききん》に見舞われます。偏在する水を地球規模でいかに補給するかの仕組みはいまだ確立されていません。

水も酸素もありあまるものと考えがちだったのが私たちではないでしょうか。どんな生物も水と酸素なしには生きられない、また、水と酸素の代替物も地球には存在しないことを思い知らされます。地球上の資源をどのように扱うか——いま私たちひとりひとりが問われているのです。

Interview

水は世界を巡っている

沖大幹《おきたいかん》
東京大学生産技術研究所教授・IPCC参加
『水の世界地図』（監修・共訳）

――日本では名水百選とかボトル水の利用とか、おいしい水を飲むことに関心が集まりがちです。『水の世界地図』（ロビン・クラーク、ジャネット・キング著／丸善）を手にとってはじめて渇水《かつすい》や洪水といった自然災害をはじめ、水が人々の暮らしにいろいろな形で密接に結びついていることを知らされますが……。

日本では、社会基盤施設の整備によって飲み水の供給が確保され、降水の季節変動が少ないため年間を通して水には恵まれています。世界全体では安全な飲料水を確保できない人々がまだ10億人以上もいるといわれています。研究面では、気象、農学、林学、地理のほか社会科学との連携などますます学際的になっています。水は、健康、食料、安全、環境、エネルギーといった分野にも横断的に関係していますから、水問題を将来の問題としてではなく、いま人々が直面し、悪化の方向に進んでいる緊急課題ととらえています。

――この本では、テーマごとに地図化されていますから、一般に使われている世界地図、例えば大陸地形図では見えてこない湖の縮小や河川の変化が示されています。

中央アジアのアラル海は、かんがい用に取水を続けたため、水が激減し、消滅の危機に瀕《ひん》していることが紹介されています。アフリカ中央部のチャド湖の面積も40年間で90%縮小しています。アメリカのコロラド川や中国北部の黄河などでは、流量の減少や水の流れが途絶える〝断流〟がみられたこともあります。かんがいや人口増に伴う水需要の増加のほか、自然の気候変動に伴う干ばつや植林など人間による土地利用改変の影響もあります。

―― 260にのぼる国際河川（複数の国を流れている河）を巡って、国と国との対立や武器としての水といった点についても、『水の世界地図』は触れていますが、温暖化に伴って干ばつの危険性が高まるとすれば、北半球高緯度の水に恵まれた国と水不足に悩む乾燥地域との格差が一段ときわだってくるのでしょうか。

水資源をグローバルな視点で管理する必要性を強く感じます。日本でもかつては、上下流あるいは川の左右岸の集落どうしで水をめぐる争いが絶えませんでした。考えてみれば、海についても例えば日本海の汚染を防ぐため、日本海にそそぐ河川を持つ国すべてが共同で水環境マネジメントにあたることもこれから必要になってくると思います。

一方、気候変動の観点からは、平均気温の上昇に伴って雨を中心とした降水の変動が大きくなり、豪雨の頻度が増加すると懸念《けねん》されています。洪水地域は一層激しいサイクロンやハリケーンによって大きな被害を受け、乾燥した地域では一段と干ばつの頻度が増加しそうです。

水の観点からは、人口増と都市化に伴う需要増、さらには健全な水循環を妨げる各種要因を重視しなければなりません。生活用、産業用の水と食料生産用の水をどのように配分するのか、水の生産性の点では、かんがい（農村）より、都市への供給のほうが効率がよいため、世界的に都市近郊における農業用の水源確保が年々厳しくなっています。さらに、都市や農村からの未処理の排水により汚染された大量の水がそのまま海に流出しているところもたくさんあります。川、湖、地下水、海の順で水の平均滞留時間も長く、汚染されたことに気づく

のにも、気づいてから修復するのにも時間がかかるのです。

――わが国の食料自給率の低さが指摘されます。野菜や食肉を大量輸入している日本は、バーチャル・ウォーター（仮想水）の利用大国といえるのでしょうか。

最近では食料生産に使う水がバーチャル・ウォーターと呼ばれることもあります。この本にある〝1kgの生産に最低必要な仮想水〟が最も多い牛肉の場合、1万5,000リットルとなっていますが、日本国内ではエサとなる穀物の栽培にヨーロッパより余計に水が使われますし、飼料の量も多いので2万リットル（20トン）と計算されています。米もヨーロッパの1,900リットルに対して日本では3,600リットルと多くなっています。日本が年間を通して輸入する穀物や畜産物全体の仮想水の量は627億トンほどで、国内農業に使われる総水量に匹敵します。

富める国が水不足の国から食料を通してバーチャル・ウォーターを購入するとなるとグローバルな水循環の点で地域格差が拡大し、水資源の偏在が一層きわだつことになります。しかし、実際にはバーチャル・ウォーターの輸出国はアメリカ合衆国やオーストラリアなどの先進国がほとんどで、自然の水は不足していても経済的には豊かな国の水需給を緩和させるのに役立っています。問題は水資源に乏しく、経済的にも貧しい国なのです。

——人類はまず、かんがいによって穀物生産を増やし、機械の導入によってエネルギー需要を増やします。エネルギー資源としての石炭、石油、天然ガスの輸入と仮想水輸入が同時に増加することをどのように考えたらよいのでしょうか。

食料生産にも大量のエネルギーが使用されています。肥料の製造や農業機械の製造や運転、野菜や果物のハウス栽培のボイラー燃料、魚の養殖や畜産用飼料などの食料生産と乾燥などを含めた食品加工、そして消費者の手に届くまでの輸送を考えると、どれだけエネルギーを必要とするか。食料の自給だけを考えるのではなく、エネルギーの自給率を高めないと安全保障はありえません。逆に、100% 自給は無理だとするならば、人口規模やそれぞれの国の土地面積を考慮して、適切な地域間、国家間分担によって食料とエネルギーをバランスよく維持し、それらに密接に関連している適切な水の循環利用を決め、地域ごとに汚染や水不足による破綻《はたん》を防ぎ、持続可能なエネルギー、食料、水の供給を確保する必要があると思います。

［第8章］世界最大の債権国の中身

グローバリゼーションと経済危機

「今日の世界は、あまりにも多くの変化が非常にスピーディに、革命的かつ劇的な形で起きている」

ベストセラー『未来の衝撃』（徳山二郎訳／中公文庫）などの著書で知られるアメリカの未来学者アルビン・トフラー氏は、東京での講演でこのように指摘しました。グローバリゼーションについては、第11章でも触れますが、トフラー氏に限らず、いま多くの人が感じていることは、グローバルな金融・経済社会の混乱です。

資金の流れが〝生産と消費〟の実物経済を反映せず、金融市場への投資と投機に向かって集中するため、各国のGDPや景気動向とはかかわりなく、膨大な資金が市場に滞留し続けます。

トフラー氏は、グローバルマネーのゆがんだ姿を目ざとく見つけ出し、金融危機におちいらないよう警鐘を鳴らしていたわけですが、「貿易立国」から「投資立国」へ移行し始めている日本と世界とのかかわりを全盛期のイギリスと比較しながらBRICs経済について考えてみましょう。

BRICs経済が世界を変える

みなさんは、世界の国々をどんな物差しでとらえているでしょうか？　人々がどんな暮らしをしているか、働いて生計を立てようとする若者に働く場が与えられているか、こうした人々の生活とあわせて、国の産業に焦点をあわせることで、その国の顔が見えてきます。

豊かな国、貧しい国、工業力のある国、資源や農産物に恵まれた国など、経済という物差しでみますと特色のあるさまざまな国々の存在がわかります。日本はこれまでこうした国々とどのように交流を続けてきたのでしょうか。

日本の場合、戦後の1960年代から80年代までは高い経済成長を続けてきました。若い労働力、高い貯蓄率（投資力）、それに技術力が相まって工業製品を生み出し、貿易国としての力を発揮しました。この間、経済的利害だけで動くエコノミックアニマルとか集中豪雨的輸出などと外国から批判され、アメリカやヨーロッパとの間で貿易摩擦（輸出増による相手先の失業者増）が生じました。

経済成長とあわせて、産業構造にも変化がみられ、第１次産業から第２次産業へ、そして第２次産業の製造業から第３次産業の金融、情報など高度なサービス業へと時代とともにウェートが高まっていきました。資源が乏しいわが国は、鉄鉱石や原油などの原材料を輸入して、工業製品を輸出するという加工貿易型構造で世界経済にかかわってきました。

最近では、輸出品目も繊維や鉄鋼などの素材型製品の割合が減り、1990年以降自動車、精密機器などの加工組立型製品が中心となっています。また、輸入品目にも大きな変化がみられます。1980年代半ばから日本の製造業が、賃金の安い中国、東南アジア諸国に生産拠点を移したため、テレビや冷蔵庫などの電気製品輸入の比率が増え、〝製品輸入〟の割合は60%を上回っています。これは、日本企業が中国や東南アジアから各種製品を大量に逆輸入しているためです。

21世紀に入ると中国が「世界の工場」として高い成長をみせるようになります。日本では需要が減っていた鉄鋼、造船、産業機械が中国などへの輸出で再び脚光を浴びるようになっています。モノづくり技術が向上したこともあって、中国はアメリカと肩を並べる日本の貿易相手国として新たな力を発揮しています。

これまで先進工業国といわれたのはアメリカ、ヨーロッパ、日本でした。GDPの大きさによって、各国の経済成長の度合いがわかります。先進国はおしなべて世界のGDPに占める割合が大きいのです。1980年代、90年代には、新興国のGDPの割合に変化はみられなかったのですが、21世紀に入ってとくにBRICsの経済成長率が急速な伸びをみせ、GDPが巨大化しています。

広大な面積を持つ資源国のBRICsがなぜ台頭するようになっ

たのか、いろいろな要因が考えられるなかで、交通網の発達による経済の空間的拡大およびIT化による金融市場のグローバル化があげられます。

インドのIT企業の急成長にみられるように、先進国企業が賃金の安いインド企業に直接業務を委託する流れも生まれています。インドの場合、労働力の質の高さも成長要因のひとつです。

中国は、安価な製品を最大の消費マーケットであるアメリカや他の国に輸出する一方、眠っていた天然資源と巨大な人口を武器に積極的に外資の導入を図っています。先進各国は、低コストと割安な通貨（貿易相手国で使われている貨幣）を見込んで生産工場をBRICsなど新興国に移転し、投資による収益をあげる傾向が強まりました。

日本は世界最大の債権国

品物や技術の取引による輸出入に対して、工場進出については直接投資と呼びます。また、外国の株式や債券を購入することを債券投資といいます。日本の対外投資に伴う海外資産の増加は、近年顕著となり、貿易収支の黒字とあわせて海外からは一目置かれています。アメリカの赤字に対して日本の黒字がよく引き合いに出されますが、いずれも財務省発表の「国際収支統計」に基づいています。

統計には、経常収支、資本収支、外貨準備高増減の3項目がデータとしてまとめられています。データをみれば、貿易や国際的な資本取引がどのように行われているかが、前の年と比較して把握できるわけです。

経常収支は、

①貿易収支

②サービス収支（観光・運賃の収入と支出）

③所得収支（海外投資による収入など）

④経常移転収支（ODAや国際機関への分担金など）

の合計です。

2007年の国際収支では、日本の経常収支の黒字は前年比26%増の25兆12億円で過去最高を記録しました。それが、2008年の経常収支の黒字は、秋以降の世界経済の低迷によって、前年比50.2%減の12兆2,291億円で、7年ぶりの黒字縮小となりました。貿易黒字については、前年比90%減の1兆1,704億の黒字で、減少率は過去最大となっています。一方、これまで伸び続けてきた所得収支の黒字は、14兆5,593億円で、前年と比べて13.1%の縮小に留まりました。

2008年は減少したものの、長年にわたる経常収支の黒字の積み重ねによって日本の海外資産は225兆5,080億円にのぼり、18年連続で世界最大の債権国となっています。

このように巨額にのぼる対外資産は、長年にわたる経常収支の黒字の積み重ねによるもので、あらためて世界最大の債権国（貸したお金の返済を受ける権利を持つ国）の存在を世界に知らせる結果となっています。

GDPとは別の指標であるGNI（国内総所得）の数字は、所得収支の黒字傾向が強まると予想されるなかで、とりわけ世界最大の債務国（借りたお金を返済する義務を負う国）のアメリカとの対比で分析されがちです。

グローバルマネーが最も多く還流しているのは、なんといってもアメリカで、日本とは逆に最大の資本受け入れ国となっています。貿易収支の大幅赤字（過剰消費に起因）を日本、ヨーロッパ、産油国、新興国からの資本流入がカバーしているのです。

19世紀後半、大英帝国として豊かさを誇ったイギリスの場合、投資家の多くは海外投資に走り、イギリスの貯蓄の半分を海外への投資に向けたといわれます。

1,500兆円の個人金融資産（預金、証券など）を持つわが国は、20年以上にわたってアメリカを中心に海外に資本供給を続け、今後とも収益率の高い金融市場に余裕資金を投入していくとすれば、「貿易大国から金融大国」へ転換したイギリスと同じ道をたどることになるのでしょうか？

アルビン・トフラー氏は、変化への対応力をどのように育てるかにも言及していますが、実物経済よりも肥大化してしまった世界の金融資産の〝規律ある運用〟について、固定観念にとらわれない優秀な若い世代の創造性や技術革新に期待を寄せています。

なお、2008年度の日本の貿易統計によると、貿易収支（輸出額から輸入額を引いた額）は7,253億円の赤字となりました。

1981年以降、黒字を続けていた日本の貿易収支の赤字は、28年ぶりです。金融バブルの崩壊によって欧米の需要が冷え込み、日本からの輸出が急速に減ったのが主な原因とされています。

Interview

グローバリゼーションが経済を自由にする

鈴木《すずき》正俊《まさとし》
拓殖大学政経学部教授
『経済データの読み方』(著)

――『経済データの読み方』(岩波新書)という同じ題名の著書を最初に出されたのが1985年夏とうかがいました。新版までに20年以上が経過していますが、この間に著者として感じた世界の大きな変化はなんでしょうか。

旧版のあと何回となく新版をすすめられてきました。データの更新はもとより、内容も時代に合ったものにしなければと思っていたのですが、この間の社会経済の変化があまりにも激しいものですから、状況が少し落ち着いてからと考えていました。旧版発刊から4年後の1989年の11月9日にドイツを東と西にわけていたベルリンの壁が崩壊し、ソ連邦に抑え込まれていた人々が解放され、東ドイツは自由市場へと大きく舵《かじ》を切ったわけです。これにより資本主義と共産主義という2つの経済制度の争いが終わったと感じました。それから2年後の1991年12月にはソ連邦は消滅してしまいます。自由と民主主義という理念、思想がどれだけ受け入れられ、浸透していくのか。市場経済の勝利といった図式でバラ色の未来を期待してよいのか。社会主義の国々の行方に危惧《きぐ》の念を持って眺めてきました。

その後、世界には、大国どうしや民主化された国どうしの戦争は起きていませんが、局地戦争やテロはかえって頻発しています。経済全体では、ヒト・モノ・カネが国境を越えて自由に移動するグローバリゼーションが最大の変化といってよいでしょう。

——新版発行の2006年以降、さらにきわだったことが起きているとお考えでしょうか。

毎年2回は中国や東南アジア各国を訪問していますが、農業、製造業、金融、情報サービスといった産業構造の変化が先進国におけるこれまでの経済発展の歩みと比べてスピードが速いうえ、第1次産業から第3次産業までが重なり合って進んでいます。原材料を輸入して加工貿易を進めてきたわが国も、生産拠点を海外に移してテレビや冷蔵庫を逆輸入していますが、自動車や鉄鋼を含め、資本財や各部品については、とくに高品質のものとなると、中国や東南アジア各国は日本から輸入しなければやっていけないのが実態です。キヤノンなどは、高い人件費を払ってでも品質で太刀打《たちう》ちできるため、中国から引き揚げるといった経営戦略の変化を示す例もあります。日本は依然として貿易立国ではありますが、GDP(国内総生産）が増えないなかで、海外での所得が大きくなるGNI（国民総取得）が増える時代に入った、つまり投資立国のウェートが高くなったといえるでしょう。

——輸出品をめぐっては、新興国やアジア諸国との価格競争がある一方、資源や食料品の輸入価格が高騰しています。貿易条件が悪くなると経済面ではどんな変化が起きるのでしょうか。

経済が成熟するとともに所得が海外に流出する傾向が強まります。これを輸出の形で取り返せればよいのですが、新興国への生産拠点の移転にみられる直接投資のほか、先進国への債券投資が増え、海外資産は2007年末時点で過去最大の250兆2,210億円にふくらんでいます。IMF（国際通貨基金）によるとわが国は18年連続で世界最大の債権国となっています。

一国の経済の強さをみるに

は、GDPの大きさがわかりやすい。ただし、購買力平価で計算した国民1人当たりのGDPがより実力にかなった指標です。これについては、イギリスの「エコノミスト」誌が使う〝ビッグマック指標〟(マクドナルドのビッグマックがそれぞれの国でいくらになっているか)のように、モノやサービスを「実際に買う力」を尺度として計算した1人当たりのGDPがわかりやすいのではないでしょうか。国内の付加価値の合計がGDPであるのに対して、国内外の日本人が生産する付加価値の合計がGNIです。海外からの株式配当や利子の受けとりが大きくなり、2005年度には所得収支の黒字が貿易収支の黒字を大きく上回りました。つまり日本経済が製造業の輸出に頼っていた成長路線の時代から、金融サービスによる投資立国の色彩が一層強まる時代に入ったといえるわけです。

――『経済データの読み方』では、昨今の日本経済について、19世紀末のヴィクトリア時代のイギリスとの類似点が描かれていて興味をそそられます。日本は、GNI指標からみて、大英帝国と同じ道を歩むことになるのでしょうか。

19世紀後半から20世紀初頭にかけて、イギリスがアメリカやドイツに追い上げられるまでは、ポンドが基軸通貨として世界経済を牽引していたといってよいでしょう。金融大国として君臨した大英帝国の場合、海外に対する直接投資による利益や資本貸付からの利子、配当などの収入が大きくなり、経常収支の黒字も拡大します。その反面、輸入が輸出を上回り、貿易収支が赤字となります。全盛期には、いまの日本と同じように世界最大の債権国となったのですが、金融業の繁栄と反比例して製造業の力が衰えていきました。

ポンドの例では、２つの世界大戦や1930年代の恐慌《きようこう》を経て、経済の停滞によってだんだんと力を失っていったのです。1970年代に１ポンド＝1,008円だったのが、下落（減価）を続け最近では150円前後まで下落しています。ポンドに、かつての大英帝国の面影はありません。

――産業力を失った大英帝国の時代に比べて、日本の製造業の力はまだ衰えていないのでしょうか？　１兆ドルといわれる外貨準備高や1,500兆円といわれる個人金融資産があるのに、投機に使われることはあっても、家計にまわってこないともいわれますが……。

円高の為替レートを考慮して、国内の銀行では外貨預金の窓口を増やしています。国債より高利回りの外貨預金に人気が集まっているようです。また、高い利益を追求する、いわゆるファンドマネーが商品市場に流れ、価格高騰の要因となっていますが、グローバル・ファンドに対して、どのような金融政策に基づいて、だれがコントロールするか、国際機関をはじめ、2008年の洞《とう》爺《や》湖《こ》サミットでも即効薬を見つけ出せずにいますから、「地球政府」でも設ける以外には投機を抑制するようなことはむずかしいでしょう。

金あまりのなかで、日本でも中国や産油国と同じく、政府系投資ファンドをつくり、内外の魅力ある投資先を見つけて投資するのもよいでしょう。ただし、人口減少と少子高齢化が進んでいますから、日本の強みであるモノづくりを忘れずに、高付加価値産業に比重を移して経済の安定成長を図るようにしないと、新興国、とくに東南アジアや中国の産業力に後れをとることになってしまいます。そうならないように、地球環境を守りながらエネルギーや食料の面でも世界をリードするようなシステムづくりの道を歩んでもらいたいと思います。

―― 2008年9月15日のリーマン・ブラザーズの倒産以降、金融危機が地球規模で拡大し、いまや実体経済にも波及して企業倒産や失業者を一気に増やしています。世界経済は今後、1930年代の大恐慌と同じような状況に突入してしまうのでしょうか?

今回の経済危機はアメリカの低所得者向けサブプライムローンという金融取引に端を発していますが、根が深いのは投資銀行などの金融機関がこの住宅ローンを証券化商品（資産を債券に組み替えて売却すること）として世界中にばらまいたことです。

アメリカの住宅バブルの崩壊と重なって、各国の金融機関は価値の下がった不良債権を大量に抱え込んでしまいました。まやかし商品をつかまされたわけですが、その背景には金融の自由化と低金利の流れがあり、利益率の高い証券化商品に資金が向かうのをだれも止められなかったのです。その結果、100年に一度という金融危機が世界中を襲ったわけです。

1929年秋に始まったニューヨーク発の恐慌の際には危機打開のための政策協調に各国の足並みがそろわず、輸入制限や関税の引き上げなど自国だけが良ければ他の国はどうなってもかまわないというような「近隣窮乏化政策《きんりんきゅうぼう》」が蔓延《まんえん》したために、世界は長期にわたって不況の底に沈んでしまいました。この80年前に比べると、現在はG20による金融サミットが国際協調の観点で再建計画をまとめようとしている点は評価できます。1930年代の世界恐慌の再来を防ぐという目的では各国の利害が一致しています。この効果は次第に出てくると思います。

日本としては、このピンチをチャンスととらえて、世界経済再建のために金融システムの安定に限らず、保護主義の抑制、イノベーションの点でもイニシアチブをとって世界のモデルとなるような知恵を絞るときではないでしょうか。

Interview

歴史を問い直すことで、いまが見えてくる

水野和夫《みずのかずお》
三菱UFJ証券チーフエコノミスト
『人々はなぜグローバル経済の本質を見誤るのか』(著)

——サブプライムローン問題を引き金として世界に拡大した金融危機は、日本経済にも大きな打撃を与えています。マーケットの動向を的確にとらえているエコノミストの水野さんに グローバル経済についておうかがいしたいと思います。

それぞれの市場がみせる値動きを個々に見ている人はたくさんいると思いますが、市場全体をどのようにとらえるかは、経済の専門家でもむずかしいのではないでしょうか?

証券会社のエコノミストとして、これまで4つのマーケット——株式市場、債券市場、外国為替市場、そして国際商品市況——の刻々変わる値動きを見つめてきました。しかし、90年代半ば以降になると個々の市場が発しているサインだけをみていても、水面下の流れの変化は感知できなくなりました。点と点を結びつけたり、過去のデータと比較したり、マーケットのデータだけではわからない人口動態や失業率、産業別賃金の変化や消費者物価の動きに

ついてもできるだけ立体的に把握するようにしています。

―― 2008年2月21日の日本経済新聞に水野さんは「1900年代半ばに資本が国家を超越するグローバル資本主義に変容した」との記事を寄せています。金融の自由化、グローバル化がIT革命と相まって新興国の近代化を促し、「強いドルは国益だ」と主張するアメリカに世界のお金が流入することで、アメリカの金融資産(株式、債券、預金、現金の合計)を肥大化させ、つぎつぎとバブルを発生させるといった指摘は、それ以降の世界の現実の姿をみるにつけ、ずばり地下水脈の激変ぶりが的中したように感じました。このようなグローバルな潮流の変化をいつごろからみておられたのでしょうか?

経済のグローバル化がなぜ起きるのか。世界経済の歴史、あえて資本主義の歴史といってもよいのですが、歴史上グローバル化が起きたのは、紀元前を含めると6回あるといわれます。ここでは、以下の①ポルトガル、スペイン、イタリア中心の大航海時代、②19世紀半ばの鉄道と運河の整備が進む産業革命以降のオランダ、イギリス、フランス中心の時代、③20世紀後半から今日まで、あるいは今後も続くアメリカ、EU、日本など先進国と新興国、とくにBRICs 4ヵ国による新時代の3回についてお話しします。

今回のグローバル化は、①の16世紀と比較することが重要です。なぜなら①と③のグローバル化は、旧世界（欧米や日本などの先進国）よりも新世界（今回はBRICsなどの新興国）のほうが圧倒的に人口が多くて、旧世界が支配してきたそれまでの政治・経済・社会のシステムを一変させてしまうような歴史的な断絶を引き起こすからです。それに対して、②の19世紀のグローバル化は、追いかける日本など後進国の人口は欧米など先進国のそれに比べて少なく、システムを一新する必要はなかったのです。

16世紀にスペイン、イタリアでみられたように封建領主が高いリスクを覚悟で資源獲得のためにアメリカ大陸へ乗り出したのは、中世ヨーロッパの狭い世界（地中海世界）においては資本家（封建領主）が期待する利潤率が得られなくなったからです。そのため、異なる価格体系の経済圏を統合することで新たな投資機会を獲得する必要があったのです。その異なる市場を統合・一体化させるプロセスをグローバル化といいます。そして、1970年代以降大きな地殻変動が始まり、1989年のベルリンの壁の崩壊とインターネット革命が重なり合い、先進国と新興国の市場を一体化させました。このように、世界に一律に情報が伝わることは、市場間の価格差がなくなることを意味しているのです。

――「資本が国家を超越する」という金融主導型のグローバル経済では、国の単位にこだわらずに資本が自由に国境を越えて移

動し、投資する機会を極大にまで追求する傾向が強まったということでしょうか？　今回の金融危機で、豊かさを誇っていたアイスランドが一気に破綻状態におちいったのは、グローバルマネーの大量流入が逆流となった最悪のケースともいわれます。

アイスランドの金融破綻にみられるように、国際資本がその国の経済規模をはるかに超えて流入しますと、資産価値は急激に高まります。アイスランドの場合、GDPを超える大量の資本が入った結果、3つの大手銀行の資産は合計1,500億ドルとアイスランドのGDPの8倍に達しました。流入額が大きくなればなるほど、国内経済のファンダメンタルズ（経済活動の状況を示す基礎的な要因のこと）とは関係なく海外の事情に左右され、流出額も多くなってしまった

というわけです

レバレッジ(小さい資本で大きなリターンを得る仕組み)をかけてアイスランドに投資していた外国人投資家が、換金する必要に迫られ資金を引きあげる一方で、貸付金の返済が滞るなど外貨準備金も底をつき、結局ロシアに支援を仰ぐ結果となりました。

サブプライム問題の根底には、バブル前提の投資モデルを世界に広めようとした金融帝国のもくろみがあったとしかいいようがありません。リーマン・ブラザーズをはじめ、アメリカの5大投資銀行はすべてわずか半年の間に消えるか、あるいは商業銀行の傘下《さんか》に入りました。先進国の金融・資本市場を中心とした金融経済指向型グローバリゼーションは終わり、21世紀の新興国を中心とした実物投資指向型のグローバリゼーションが本格化するのはこれからです。この新興国実物投資指向型のグローバリゼーション下で、10億人以上の中産階級が新興国に生まれることになるでしょう。

——日本が貯蓄型の貿易立国であるのに対して、アメリカは消費過多で財政赤字と経常赤字という「双子の赤字」を抱える金融大国といわれてきました。また、日本では1980年代に不動産、アメリカでは1900年代半ばにIT、2000年代には住宅と、相次いでバブルが発生しています。

資本は常に高利回りの投資先を求めて世界を巡るといわれます。

今回のサブプライム問題では、住宅価格が頂点まで昇りつめバブルが弾《はじ》けるまで世界のお金を呼び込んでいた。それには〝特別のカラクリ″があり、投資先を求めた世界の貯蓄が一斉にウォール街になだれ込んでいたということでしょうか？

1995年にルービン米財務長官が「強いドルは国益である」と発言し、それまでのドル安政策から方向転換したことが新自由主義の流れを加速させました。

16世紀以降の資本主義では、国外へと市場を拡大することで成長するモデルだったといえます。オランダ、イギリスの東インド会社は軍事力を背景に植民地化を進め、16世紀から18世紀にかけて重商主義を貫きます。その後、18世紀後半からはイギリスを中心とした自由貿易主義が主力となり、フランスの市民革命を経て国民が主権者となって、資本(利潤)、国家(税収)、国民(所得)が一体化、国が「大きな政府」として福祉国家を目指してきたのが近代資本主義です。

しかし、1970年代半ば、それまでの正統派経済学である「大きな政府」では、第1次石油ショックによって生じたスタグフレーション（景気後退とインフレの同時進行）を克服できなかったのです。そこで、「市場が決めることが正しい、市場のほうが政府より正しい資源配分ができ、利潤率を高めることができる」とする新自由主義が台頭し、アメリカは経常収支の赤字額を上回る資金を世界中から集め、それを再び世界に投資する〝アメリカ金融帝国〟に傾斜していったのです。

――水野さんが論文などで示す各種チャート(図表)からは、主題図、比較図、予測図といった地図と共通するもの、つまり表面上は見えないものがデータを重ね合わせることで見えてくるという効果を感じます。なかでも、鉄の生産量の推移を示すグラフは、時代の変化とあわせて地下水脈の激変を物語る指標として重要だと思います。

「1人当たりの世界粗鋼生産量」のグラフ(1950－2007年)から、先進国の鉄の需要が1950年から1974年まで伸び続け、その後は先進国の消費量も増えず2000年まで生産量はほぼ横バイだと読みとれます。1人当たりの鉄の使用量は近代化のバロメータです。近代化とは、都市化であり、モータリゼーション（19世紀は鉄道と運河）だからです。第2次世界大戦を挟んで29年間にわたり、インフラの整備、モータリゼーションに伴う車の生産によって成長を続けた後、1970年代に先進国の近代化が一段落したことを示しています。

21世紀に入って新興国の鉄の需要が急速に伸び、日本からの鉄の輸出増にもつながりました。1995年から2008年にかけて、証券、債券、預金の合計が103兆ドル増え、「アメリカ金融帝国」

は破綻したとしても、投資家が獲得した資本は、さらなる利潤を求めて運用先を探し続けています。その投資先は近代化が始まった新興国になる可能性が高いのです。近代化が始まると、高度成長となって、実物投資のリターンが高くなるからです。

——経済指標が多岐にわたり、さらに金融面では金利、外国為替、先物市場(原油や穀物相場)など、経済のすべてを理解するのはむずかしいことです。しかし、グローバリゼーションの波が押し寄せている以上、その本質はなにか、構造変化はこれまでの資本主義とどのように異なっているのかを見極める必要があると思います。この時代に生きる子どもたちには、なにをみてなにを聞くことが大切になるのでしょうか?

グローバル化とは「ニューヨークで蝶《ちょう》が羽ばたくと、アジアで台風が起きる」に象徴されるように、日本で深夜眠っていても地球の裏側でなにが起きているか、常に関心を持つことが重要です。グローバル化における日々の変化について、「現在というものの意味は、孤立した現在においてではなく、過去との関係を通じて明らかになるものである。したがって、刻々、現在が未来に食い込むにつれて、過去はその姿を新しく、その意味を変じていく」(『歴史とは何か』E. H. カー著/清水幾太郎訳/岩波新書)という言葉が言い表しています。

私たちには常に歴史を問い直す姿勢が必要なのです。E. H. カーがいうように「歴史は現在と過去との対話」（前掲書）ですから、現在が変化していけば、それに応じて過去も新しくなっていくのです。例えば、何年か前に習った16世紀の大航海時代について得た知識があれば、グローバル化が一層進展した現在において16世紀を学んで得られる知識が新鮮なものとなってよみがえってくるはずです。

グローバル化の時代においては、この数世紀の間常識として定着していることについても、常に「なぜ、どうして」と疑問を持ち、かつ、その答えを早急に求めないで、疑問を抱き続けることが大切だと思います。過去をみる目が新しくなったときにはじめて、いままで疑問に思っていたことについて「答え」が出るからです。

［第9章］マルコ・ポーロからコロンブスへ ～冒険家の系譜～

冒険とは真実を知ること

旅に出たい、冒険をしてみたいという衝動はどこから生まれるのでしょうか？

10代であれば、『ロビンソン・クルーソー』や『トム・ソーヤーの冒険』などの冒険の世界に引き込まれるのはごく自然なことといえます。

一方、旅をして記録に残す――「旅行記」「ルポルタージュ」への欲求も否定しがたいところです。未知の世界への挑戦の記録は、未《み》踏峰《とうほう》、極地、さらには宇宙へと対象を広げています。

いま、ここでは数多くの旅行記からひとつだけ選び出し、世界的視野から人々に与えた影響の大きさについて考えてみることにしましょう。いまから700年以上前の1298年に発表されたマルコ・ポーロの『東方見聞録』（正式名は『世界の叙述』）は、ヨーロッパとアジアとの交流の歴史を大きく塗り替えただけでなく、ヨーロッパ人の冒険心を刺激し、大航海時代の到来を予告するものとなりました。
「この世界のさまざまな地域のまぎれもない真実を知りたいとお望みなら、どうかこの書物を取り上げて誰かに朗読をお命じになっていただきたい。そうすれば皆様は、この中に記された大アルメニアやペルシャやタタール（モンゴル）やインドや、さらにまたほかの数多くの地域について大いなる驚異を、この書物が順序立てて詳しく語るそのままに見出《みいだ》されることであろう」
『東方見聞録』の書きだしのくだりです。「驚異の書」と呼ばれる中世フランス語版豪華写本（フランス国立図書館所蔵）の日本語訳です。書きだしでは、マルコ・ポーロが1298年にジェノバの牢獄《ろうごく》で、同じ房にいた物語作家のルスティケロに口述筆記させたことにも触れています。〝さまざまな地域〟とありますが、ヴェネチア出身のマルコ・ポーロは、一体どのような地域をどのようにして旅を続けたのでしょうか？

マルコ・ポーロ 冒険の軌跡

ヨーロッパ大陸とアジア大陸をまとめてユーラシア（Eurasia）大陸と呼ぶのはご存じでしょう。世界最大の面積を持つロシア国内を南北に走るウラル山脈が境目となって、西側にヨーロッパ、東側にアジアが広がります。この広大な地域を紀元前100年ごろから商人が行き交い、絹を運んだことから東西を結ぶ交通路として、「シルクロード」（1877年ドイツの地理学者が命名）が知れわたっていました。

　マルコ・ポーロの一行――父親ニコロと叔父マティオを含むキャラバン隊も、草原やオアシスの道を通ったと伝えられています。『東方見聞録』から３人のたどった経路を逐一図面にプロットするのは至難とされていますが、マルコ・ポーロ一行の足跡を示すものとして、没後50年経って作られた「カタロニア地図」（1375年）が有力な手がかりとなります。

「バクーの海」はカスピ海を、「大汗の都」はモンゴル帝国皇帝の都（北京《ペキン》）を指しています。インドが半島として、また、セイロン（スリランカ）島がジャワ島として描かれていて、当時の地理学の限界がわかり、興味をそそられます。

　17歳でヴェネチアを出発し、41歳で中国（当時は元朝）から帰国したマルコ・ポーロについては、ローマ教皇の使節としてモンゴル帝国に派遣されたのか？　モンゴル帝国皇帝フビライ・ハン（在位1260－1294年）の側近として各地の情報収集にあたったのか？　とくに17年にわたる中国（元朝）滞在中の行動は謎《なぞ》に包まれています（往路に４年、復路に３年を費やしたとされています）。

　しかし、『東方見聞録』が「驚異の書」として受け止められてきた背景には、単なる旅行記作家としてだけでなく〝偉大な探検家〟として評価されてきたいくつかの証《あか》しがヨーロッパにはあったのではないでしょうか。マルコ・ポーロとフビライ・ハンを結びつけた歴史の糸の綾《あや》とは一体なんだったのでしょうか？

10世紀から14世紀にかけて、ビザンチン帝国（東ローマ帝国）の首都コンスタンチノープル（現在のイスタンブール）を中心に地中海貿易が活発になります。造船と航海技術で他国を圧倒していた都市国家ヴェネチアはその主導的役割を果たします。

第4回十字軍やビザンチン帝国との外交交渉によって、ヴェネチアは商業的特権を獲得したばかりか、クレタ島の植民地化、コンスタンチノープルの占領（半分のみ）、レバノンにおける貿易拠点の建設などをつぎつぎと実現させていったのです。

一方、遊牧国家の興亡が続いていた中央ユーラシアを史上唯一統合したモンゴル帝国が、長い間閉鎖されていた中央アジアに通ずるシルクロードを再開させたため、ヴェネチアの海運業は、シルクロードの重要拠点のひとつであった黒海にしっかりと足場を築きました。

こうして13世紀に、ひときわ光彩を放ったヴェネチア共和国に後押しされて、2人の商人――ポーロ兄弟――の活動範囲が一気に広がったのです。ポーロ兄弟のニコロとマティオは、ヴェネチア出身ということで、ペルシャや西アジアの小王国の支持を得て、はじめてのアジア旅行に出発したのです。

モンゴル帝国の創始者チンギス・ハンの孫にあたるフビライは、元朝政権を樹立して、東アジアから西アジアまで版図《はんと》を広げていました。キリスト教国にも強い関心を示し、ニコロ、マティオ兄弟との最初の謁見《えつけん》では、教皇への親書を託し、キリスト教の教義に明るい100人の学者を派遣するよう命じました。フビライは、

1266年、現在の北京を大都と命名し、宮廷を設けました。

1271年、マルコを伴い再び東方に旅立ったポーロ兄弟は、9年ぶりにフビライに再会し、教皇からの信任状とエルサレムの聖油などを献上したあと、学者100人を同伴できなかったことを詫《わ》びます。そこでニコロの一人息子としてマルコが紹介されたのでした。

フビライがマルコを重用したこともあって、モンゴル語、ペルシャ語、トルコ語にも精通したマルコ自身は、なぜか歴史の表舞台から姿を消す父親と叔父とは逆に、国内各地をはじめ、ビルマ（ミャンマー）やインドまで派遣され、その都度フビライに各地の情勢を報告していました。

3人が最も恐れていたのは、フビライの死とその後の滞在でしたので、再三帰国をフビライに願い出ていました。しかし、フビライからはなかなか許しが出ず、時が過ぎていきましたが、幸運にもイル・ハン国（ペルシャの一部）からの使節とモンゴル王女の一行が、海路イル・ハン国に戻ることになり、3人はこれに同行することで帰国が許されたのでした。

14隻の大帆船でマラッカ海峡を経て、スマトラ、セイロン、インド西岸マラバルからペルシャ湾ホルムズに到着、陸路で黒海へ。さらに乗船してコンスタンチノープルを経由してヴェネチアに戻ったのでした。

ニコロとマティオ兄弟は、マルコが生まれる前にコンスタンチノープルでの取引のあとアジア旅行に出発し、往路、復路とも高原や砂漠地帯を通ったと伝えられています。フビライからの通行証（金の板・パイザ）が過酷な旅を乗り切るのに役立ったのは確かです。

「この草原からパミール高原までは、ウマに乗って12日間かかる。この間、人も家も一切見当たらず、ただ砂漠が広がるばかりで食べものもない。この地には鳥さえ、棲息《せいそく》しない。あまりに寒く、えさもないためである」

険しくて、見上げるばかりの高い山脈と高原、その中心となっているのは万年雪をいただくパミール高原です。その西南のアフガニスタンに向かって、ヒンドゥークシ山脈が、東に向かうと北から南へ順に天山《テンシャン》山脈、クンルン山脈、そしてヒマラヤ山脈が壮大な景観をみせます。中央ユーラシアの自然景観には、さらに草原と砂漠が加わります。パミール高原の東側にはタクラマカン砂漠、西側のトルクメニスタンにはカラクム砂漠が広がります。そして、点在する緑豊かなオアシスがキャラバン隊をいやしてくれます。

ひるがえって、日本人にとっては長い間〝未踏の地〟とされていた中央アジアに最初に挑戦したのは、大谷《おおたに》探検隊です。

1902年（明治35年）から1914年（大正３年）にかけ３回にわたって組織された大谷探検隊は、マルコ・ポーロ一行がウマのキャラバン隊を編成して通ったのと同じルートを通っています。

ポーロ一行がイランとアフガニスタン経由でパミール高原を登ったのに対して、大谷探検隊はカスピ海からウズベキスタンのサマルカンド経由でパミールに挑んでいます。

双方とも高原から東側のカシュガル（砂漠の西端の町）に到達し、ホータン、トルファン、ロプノールなどを通り、ポーロ一行は黄河沿いに北に向かって北京へ、大谷探検隊は東南の長安（現在の西安《シーアン》）まで足をのばしています。

列車と車を利用する現代人でも、このルートの踏破となると、そう簡単には決行できないのではないでしょうか？

陸上、海上を問わず東西交通路の再開は、元朝の時代に国際貿易を促進し、繁栄をもたらしたのですが、元朝の衰退とともに14世紀中ごろ以降「明朝」を樹立する漢民族の台頭によって、東西交流も16世紀の海上貿易まで途絶えることになります。

13世紀の奇跡とさえいえるマルコ・ポーロの冒険ですが、その旅行記は140種類の写本となってヨーロッパ各地に広まり、イタリアにとどまらず、ポルトガル、スペイン、オランダの船乗りや海運業者に強い影響を与えました。

マルコが記した「黄金の国ジパング（日本）」に目を向けたのがイタリア生まれのクリストファー・コロンブス（1451年ごろ－1506年）でした。マルコの死後168年目の1492年8月3日、コロンブスの一行はアジアに向かうと信じて、スペインの港を出発、大西洋を横断して10月12日、ついにバハマ諸島のひとつの島に到着します。これこそが大航海時代の幕開けでした。

地中海から大西洋へ、そしてインド洋、太平洋へと、人々は航海と探検に乗り出していったのです。「世界地図」が、つぎつぎに描《か》き換えられたのはいうまでもありません。

[モンゴル帝国の支配—13・14世紀のユーラシア]

13・14世紀にかけ、広大なユーラシア大陸の版図を広げたのが、チンギス・ハンとその子孫でした。この時期はヨーロッパとアジアを結ぶシルクロードを安全に横断することができました。いわゆるタタール（モンゴル）の平和の恩恵をこうむったのがマルコ・ポーロ一行でした。
『東方見聞録』の黄金の国ジパングに目を向け、新大陸を発見したコロンブスやマゼランなどの探検家たちによる地理上の発見が続き、やがて征服の時代に突入します。
15・16世紀にかけては、スペインとポルトガルが世界の分割を図り、中・南米諸国をつぎつぎに征服、ポルトガルはブラジルを植民地化しました。さらに17世紀に入るとこの覇権争いにオランダとイギリスが加わり、産業革命とその後の工業化が大英帝国に繁栄をもたらします。
『世界歴史 中央ユーラシアの統合』の著者である杉山正明氏（京都大学教授）によると、人類史上最大の版図を実現したモンゴルとその時代には、「東はサハリン、日本海から、西はロシアはもとよりドナウ河口、アナトリア高原、東地中海沿岸にまでいたる全域がモンゴルの直接の領有におかれ」ており、さらに北はシベリア、南はインド洋上までモンゴルの影響下に入ったとされています。

地図出典：『三省堂 世界歴史地図』（ピエール・ヴィダル＝ナケ編／樺山紘一監訳／三省堂）、『岩波講座 世界歴史11 中央ユーラシアの統合 9−16世紀』（樺山紘一ほか編／杉山正明ほか執筆／岩波書店）を参照にEarth Atlas編集委員会が作成。

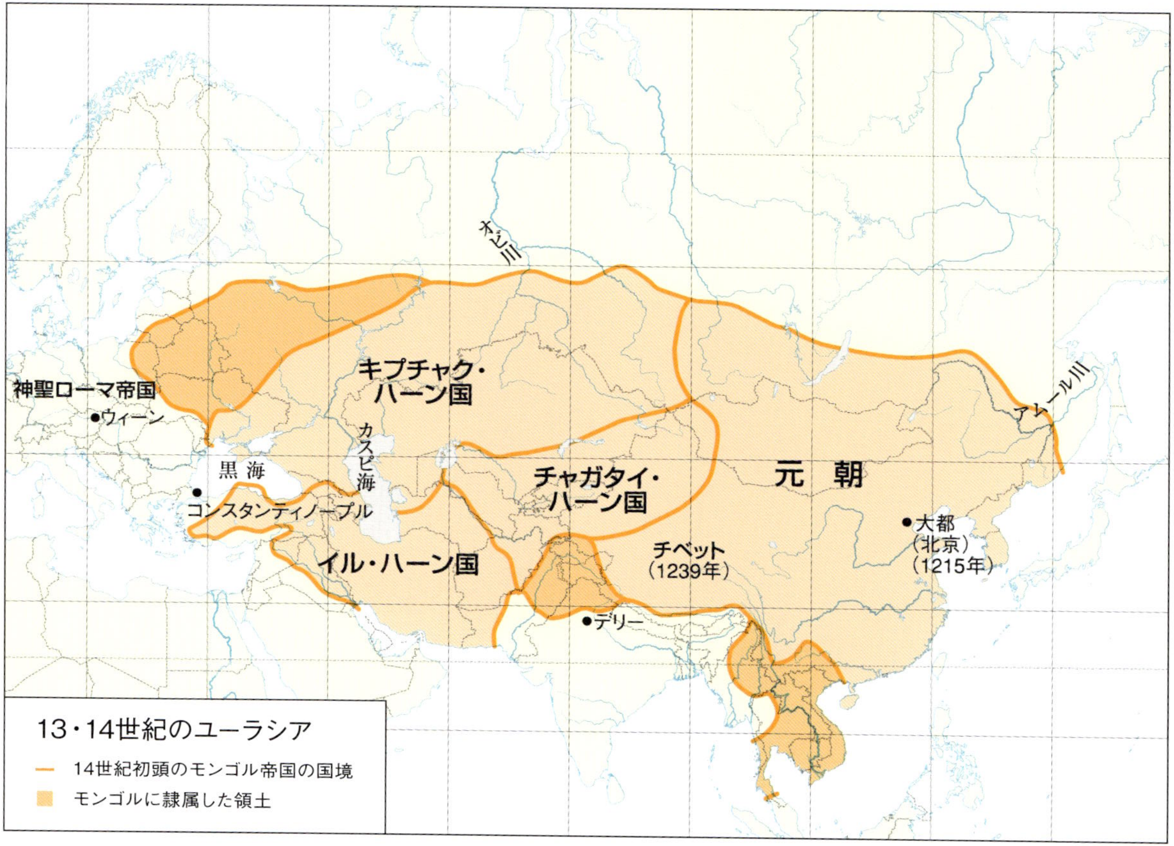
13・14世紀のユーラシア
14世紀初頭のモンゴル帝国の国境
モンゴルに隷属した領土
神聖ローマ帝国
ウィーン
キプチャク・ハーン国
カスピ海
黒海
コンスタンティノープル
イル・ハーン国
チャガタイ・ハーン国
オビ川
元朝
チベット
（1239年）
デリー
大都
（北京）
（1215年）
アムール川

［第10章］
植村直己と後継者たち
～冒険の変容～

冒険と情熱

人々を冒険に駆り立てるものはなにか——。

イタリアの冒険家マルコ・ポーロの足跡とあわせて、わが国が生んだ世界的冒険家植《うえ》村《むら》直《なお》己《み》にもスポットライトをあててみましょう。

大航海時代の傑出した人々をはじめ、内外の探検家の軌跡をたどるとき、未知なるものへの挑戦とあわせて、富と栄光を勝ち取りたいとする強い願望が、いずれも共通してみられるのではないでしょうか？

コロンブスが、ラテン語の『東方見聞録』の写本に、ぎっしりと書き込みをしていた事実から、アジアへの航海に強い意欲をみせていたことがうかがえます。しかし、マルコ・ポーロの記述からは、ぎらぎらした〝富と栄光〟は見えてきません。

24年ぶりにヴェネチアに戻ったポーロ一行に対して人々は、賛辞より疑いの目を向けたと伝えられています。『東方見聞録』が発表されたあとも、しばらくの間、当時の地理学者に新事実が採用されることはありませんでした。3人が持ち帰った財宝（宝石類）も当時の商人のそれを大きく超えるほど巨額なものだったとは伝えられていません。

13世紀のヨーロッパで通商にぬきんでていた都市国家ヴェネチアの富や自由な風潮がアジアに伝わる一方、他民族にも比較的寛容だったモンゴル帝国皇帝フビライ・ハンの存在も、ヴェネチア出身のポーロ兄弟（マルコの父と叔父）に伝えられていました。

フビライ・ハンからローマ教皇への親書を託されたポーロ兄弟は、商人なりの打算はあったものの、それを超えて、ヨーロッパとアジアを結ぶ〝特使の任〟に気概をみせたのかもしれません。若いマルコは、二度にわたって長旅をしようとする父と叔父の強い意志に心惹《ひ》かれたのでしょう。

しかし、マルコのアジアへの情熱も、帰国途中に知らされたフビライの死とともに失われていきます。あくまでもフビライあってのヴェネチア人、そして旅行好きの商人であった——とみてよいのではないでしょうか。

挑戦し続ける

世界への窓をだれよりも早く開いたマルコ・ポーロは別格としても、古今東西を問わず探検家の多くは、国、企業、大学などの課題、例えば資源、領土、学術調査などの課題を背負って決行していますが、植村直己の場合はどうだったのでしょうか？

5大陸最高峰登頂のうち、エベレスト（チベット語でチョモランマ）を除く他の山には単独で登っています。イヌぞりによる北極圏走破も単独行でした。

普通の人間には想像もつかない極寒のなかで集中力を欠かさず行動を続けた植村は、1984年アラスカ・マッキンリー山の冬季単独登頂に成功したと、無線で連絡してきたあと消息を絶ってしまいました。

〝気持ちが盛り上がって充実する——。〟自らを極限に追い込んで、他の登山家とは一線を画した植村の行動からは、行動自体が目的であり、目的地での達成感以外のものは伝わってきません。

「アマゾンなんか例にとりますと、むこうの人は文明のものは何も知らないわけでしょう。文明人は、上下関係はあるし、いつも金とか、そっちのほうにあくせくして、心が非常に狭い。アマゾンなんかに住む人たちのほうが、なんか幸福な気がしますね」

1968年には、60日間にわたって、アマゾン川6,000キロを単独でイカダ下りしています。日本人としてはじめてエベレストに登頂する2年前、植村27歳のときでした。

マルコ・ポーロが〝見て、聞いて、伝える〟ことに秀《ひい》でていたとすれば、植村は自然環境とその土地の人々を大切にしながら、〝前人未踏の地〟に挑戦し続けたといえます。植村の無償の行為は、天才にしかうかがい知れない〝小さな奇跡の連続〟のうえに成り立っていたと解釈できるかもしれません。

そして、新たな挑戦

植村直己の冒険に触発され、世界７大陸最高峰の最年少登頂（1999年当時25歳）を果たしたアルピニスト野口健《のぐちけん》さんは、「清掃登山」という新しい課題に取り組み、世界を驚かせました。

「植村さん、やっと７大陸の最高峰に登頂できました。植村さんの本と出会ってからちょうど10年目です。（中略）世界中の山に登りましたが、そのたびに植村さんの話を地元の人々から聞きます。植村さんは素晴らしい人だったと、皆が口をそろえて言います。南米の山の中でも、またネパールのシェルパたちやアラスカのイヌイット、どこに行っても植村さんのことを皆が思っています」

「植村さんの冒険にも、もちろん心を打たれましたが、それ以上にその土地の人々を最も大切にし、尊重した植村さんを僕は尊敬しています。落ちこぼれで何一つ目標もなかった自分が、世界最高峰をはじめ世界中の大陸最高峰すべてに登れたのも、いつも土地の人々の助けがあったからです。エベレストもシェルパたちの助けがなければ、自分など登頂できるわけがありませんでした。ルート工作から荷揚げまで、頭が下がるほどに僕を支えてくれました」（『落ちこぼれてエベレスト：７大陸最高峰最年少登頂』／集英社インターナショナル）

野口さんは、シェルパと登山隊との共存の大切さを人一倍痛感し、シェルパの遭難をなくすために立ち上がります。また、遭難したシェルパの遺族への補償問題に光をあて、「シェルパ基金」の設立に奔走してきました。

世界初の「チョモランマ清掃登山」が実現したのは2000年の春。3月下旬から5月末までの約2ヵ月間、標高6,600メートルから8,300メートル付近にわたって、シェルパ22人、現地スタッフ4人、そして日本からの3人の合計29人で清掃活動が行われました。

このときの様子は、『100万回のコンチクショー――清掃登山、環境問題への新たな挑戦』(集英社)で野口さん自身が、各国登山隊のゴミに対する扱いの違いも含め、生き生きと伝えています。

2ヵ月間で、酸素ボンベ、缶詰の空き缶など1.5トンのゴミが下ろされました。そのうちゴミ500キロが日本に輸送され、同じ年の9月28日から15日間、東京都庁で展示されました。〝日本隊が残したヒマラヤのゴミ〟は、大いに世間の注目を集めました。このときまで、〝ヒマラヤとゴミ〟を結びつけて考えることはだれにもできなかったのですから――。

その後もエベレストの清掃登山は続けられていますが、これが契機となって、小・中学生200人以上が参加して、富士山の清掃登山活動も始まりました。こうした野口さんの行動が認められ、2007年のチベット側からのエベレスト登頂によって、「チベット・ネパール両側」から登頂を果たした8人目の日本人になったこともあって、2007年度の「植村直己冒険賞」が野口さんに贈られました。

ついでながら、〝登頂を目的としないエベレスト登山隊〟としては、野口隊以外にアメリカ隊があると、野口さんは大変興味深い指摘をしています。

1924年に登頂を目指していた著名な英国の登山家ジョージ・マロリーとアンドリュー・アーヴィンが、エベレスト山頂直下で行方不明になりました。それが、1999年5月マロリーの遺体がアメリカのマロリー＆アーヴィン捜索隊により、75年ぶりに発見されたのです。

1953年にエドマンド・ヒラリー卿とシェルパのテンジン・ノルゲイが世界初の登頂に成功したときより29年前にマロリーが成功していたとすれば？

「マロリーとアーヴィンが、頂上基部の岩場を登っている姿が支援隊によって目撃されている。その岩場が、頂上直下の第2ステップだったら、そして彼らが第2ステップを突破していたとしたら、彼らがエベレストに登頂した確率は非常に高い」と野口さんは指摘しています。

アメリカ隊は、マロリーの装備を点検しましたが、フィルムの入っているカメラが見つからなかったため、同行の隊員アンドリュー・アーヴィンの遺体発見に乗り出したのです。

「アーヴィンの遺体が発見されれば、カメラも一緒に見つかるかもしれない」し、もしもそのフィルムに頂上に立つマロリーが写っていれば、「エベレスト最大のミステリーは解明される」というのが野口さんの見解です。

2000年春、野口隊は清掃登山を目指し、アメリカ隊はアーヴィンの遺体と装備品の捜索にあたっていたわけで、危険を伴う冒険の意味が、期せずしてこの年、2隊によって変容をみせたのでした。

いま、本当の冒険とは？

地図の空白部分を埋める探検の時代から自然と共存し、自然から学びとる探検の時代へと変容をみせるなかで、〝冒険旅行〟にあたってインターネットを通じて体験を時々刻々世界に発信する新しいスタイルも生まれています。

地球縦断プロジェクト「POLE TO POLE」（北極から南極まで）に日本人代表として参加し、北極から南極まで人力で踏破したほか、世界7大陸最高峰登頂の最年少記録（2001年当時24歳）を塗り替えた石川直樹《いしかわなおき》さんは、辺境の地へ行くことや危険を冒して旅することが「果たして本当の冒険なのか?」と問いかけています。

植村がアマゾンのイカダ下りに挑戦したのに対して、石川さんは太平洋ミクロネシア連邦ヤップ島の人たちとカヌーで航海に出ます。

目的の島が見えてこないうちに飲料水がなくなり、クルーの1人が耐えられなくなり、投身自殺を図るといった厳しい試練に立たされました。石川さんは、島々の配置図を歌詞に織り込んだ「星の歌」をうたいながら、漕《こ》ぎ続けるクルーを目《ま》の当たりにして、夜空に輝く星と、頭に描く「スターコンパス」とを照らし合わせて方角を決める伝統的な航海術に驚きをみせます。そして、「宇宙から届く星の光を自分の身体の中で翻訳し、進むべき方向を見極める星の航海術」にのめり込んでいきました。

『いま生きているという冒険』（理論社）のなかで石川さんは、「もしかしたら未知の領域へ向かう本当の意味での冒険が、星の航海術に隠されているのではないだろうか」と若い感性で受け止め、さらに「現実に何を体験するか、どこに行くかということはさして重要なことではないのです。心を揺さぶる何かに向かいあっているか、ということがもっとも大切なことだと僕は思います」と自身の内なる高揚に目を向けています。

　植村直己は、人々が憧れる冒険について、「自分がやりたいものにどれだけ賭《か》けているか」さらに「自分を賭けたという満足感があるかないか」と、他者との違いを語っています。

　20代の植村がアマゾンで感じとったものと石川直樹さんがミクロネシアの海で体得したものに共通するものがあるとすれば、文明から隔絶された世界で受け継がれてきた〝シンプルで最も力強い生き方〟そのものだったのかもしれません。

Interview

カヤックを漕いで見えたもの

月尾嘉男《つきおよしお》
東京大学名誉教授

――月尾先生の肩書きには〝冒険家〟が抜け落ちているように思います。1人乗りのカヤックを漕ぐといっても、南米大陸南端のケープホーン（ホーン岬）を一周するというのは並大抵のことではないと思います。マゼラン、ドレイク、ビーグル（ダーウィンの乗船した帆船）といった世界の有名探検家にちなんだ名前のつく海峡や水路が集中し、昔から過酷な気象と強い潮流で知られる難所と聞いています。ヒマラヤ登山よりも危険とさえ思われる行動をなぜとられたのでしょうか。

2008年8月にアメリカのワイオミングのグランド・ティトン国立公園にある川で友人とカヤックをしてきました。1日10キロ程度の水上散歩でしたが、友人が釣りをしている間に地図を持たず1人で川を下ったため、途中の沼地で迷ってしまいました。しかし、川の流れの方向や森の状態を総合判断してなんとか切り抜けることができました。これまでの経験が役立ったと思っています。

4年前の冬に友人3人と周回したケープホーンは世界でも有数の危険な海域といわれています。後の地図にあるように、アンデス

山脈が大陸南端の南緯56度の地点で海中にもぐり込んでいる場所がケープホーンですが、その周辺は高さ数百メートルの絶壁や奇岩が立ちならんでいるうえ、太平洋、大西洋、南氷洋の3つの海洋が出合い、偏西風と南極からの風に加えてアンデス山脈からの吹きおろしが衝突して、複雑な気象環境をつくりだしています。

50歳でカヤックを始め、日本各地の川や海で、自分の力だけで高い波を乗り越えるカヤックの魅力にとりつかれ、楽しんでいたのですが、あるときケープホーンの波浪のなかでカヤックをしている写真をみて、ぜひこのような場所に行きたいと思い、12年前から準備を進めて実現に漕ぎつけたという次第です。

——マゼラン以来、周辺海峡の探検や航海にあたっては、多くの冒険家が失敗していると聞いていますが、カヤックによる一周は順調だったのでしょうか？

20日間にわたって漕いだわけですが、そのうち半分は強風のため海に出ることができず、4日間は暴風雨のために無人島の海岸に釘付《くぎづ》けになりました。風速が毎秒8メートル以上になるとカヤックは危険ですし、複雑な三角波のなかを何時間も漕ぐという厳しい経験を何度もしました。

このような冒険をなぜやるのかの問いにお答えする前に、若いころからやってきたさまざまなアウトドアスポーツのなかで、カヤック

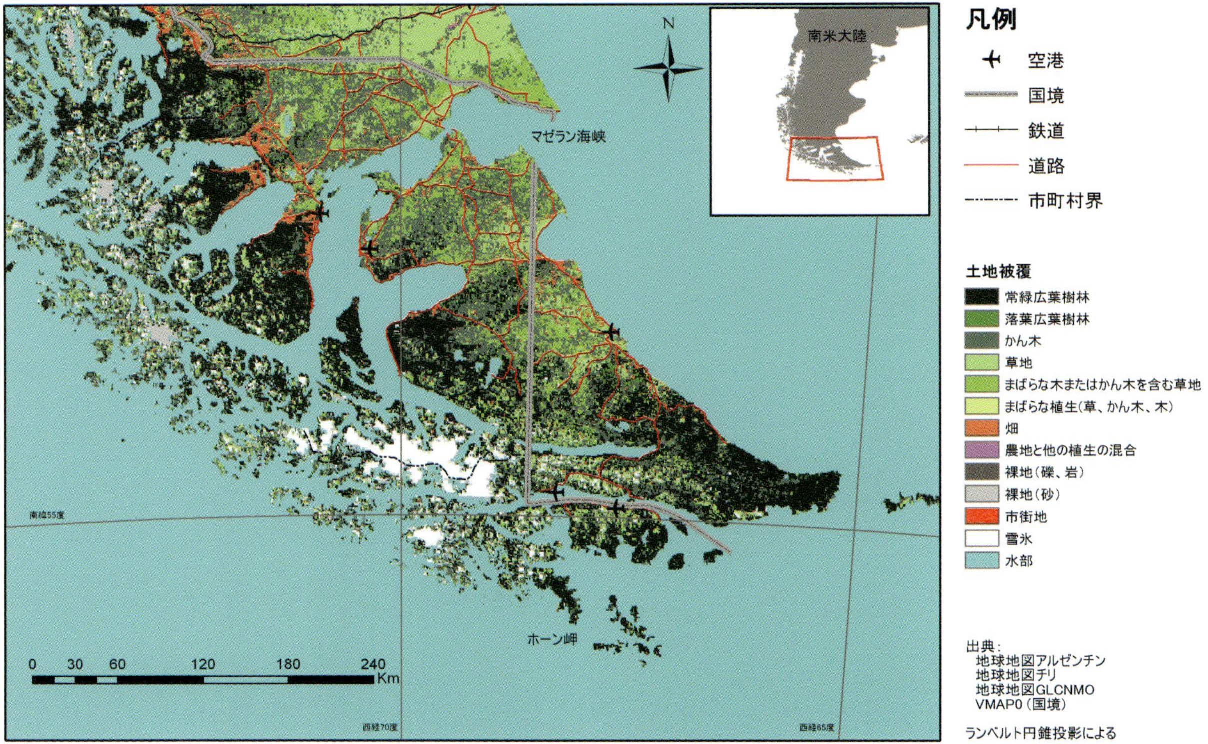

出典:
地球地図アルゼンチン
地球地図チリ

南米最南端ホーン岬周辺図

資料提供：地球地図国際運営委員会事務局

が最も気に入っているという背景があります。風の力を利用するヨットやエンジンに頼る水上スキーとも違い、自然の威力や雄大さを最も感じるのがカヤックだと思い、そこが気に入ったのです。

自分の体力と気力だけが頼りのカヤックでは、太陽、風、風景全体を全身に受け止めますから、都会などの人工環境では退化しがちな感覚を鋭敏にしてくれますし、人間を謙虚にしてくれるように思います。ケープホーンの周回が終わって帰路につく際、衛星携帯電話を使って日本のラジオの生放送に出演しましたが、相手のキャスターから「月尾さん、ずいぶん謙虚になったね」と言われたことを覚えています。自然をありのままに素直に受け入れる気持ちが人間の言動に影響するのだと感じました。

――カヤックを漕ぎながら眺める自然は通常の眺めとは異なりますか？　根源的な視点の変化があるのでしょうか？

国内国外でカヤックを漕ぐようになって、大学で研究していただけの時期とはものの見方が違ってきたと思います。例えば、川を眺めるのも、それまでは堤防や橋といった外側からの視点ですが、カヤックでは水面から40―50センチの位置で内側からみます。この2つの視点によって、自然をより正しく知ることになったと思います。このような多様な視点を持つことが、新しい価値を見いだすことにつながればよいと考えています。

[第11章]

個人のグローバル化

情報革命はなにを変えたか

いまだに携帯電話もパソコンも使わない〝20世紀の大人〟たちが存在しているのを〝21世紀の15歳〟はどのようにみているのでしようか——。

この10年間で、インターネット人口は世界で11億人に達しています。わが国でもその数は8,000万人を超え、ブログ(blog)利用者数も、2,500万人に達しています。

メールを使う10代の若者ならば、ブログがなんであるかを知っているはずですし、すでに自分自身のウェブサイト(website)を持っているかもしれません。

かつて船乗りが書きつけていた航海日誌をlog(ログ)と呼んでいたことから、個人が運営する日記形式のホームページ(ウェブサイト)をweblog(ウェブログ)と呼ぶようになり、さらに短くblogと詰めていうようになったとされています。

アメリカの場合、小・中・高生(6歳から17歳)のうち250万人以上が自分のウェブサイトを持っていると伝えられ、電子メールアドレスを持っている幼稚園の園児も決してめずらしくないといわれます。

アップルのアイポッド（iPod）やブログの音声版ポッドキャスティング（Podcasting）も若者の間では急速に普及しています。

デジタル化、バーチャル化、自動化の流れはインターネットの登場によって、情報通信の分野に限らず、政治、経済、文化、教育などあらゆる分野に強い影響をもたらし、世界中の人々に日々変革を迫っています。

このような〝情報革命〟をもたらしたものは一体なにか？　ＩＴといわれる技術革新が急速に地球規模で広まったのは、いつから、なにを起源とし、それぞれの場面での節目はなんだったのか？いま起きていることは、大きな歴史の流れのなかでどのような意味を持っているのか？

変化のスピードがあまりにも速く、その影響範囲が桁外《けたはず》れに大きいため、的確な答えが必ずしも見つからない、少なくとも疑問に答えてくれる名解説者も見つからないのが実情です。

グローバリゼーションを読み解く

〝21世紀の歴史を概観する〟という趣旨の副題を持つベストセラー『フラット化する世界――経済の大転換と人間の未来』（伏見威蕃訳／日本経済新聞社）の著者トーマス・フリードマン氏（ニューヨークタイムズ・コラムニスト）は、グローバリゼーションの歴史を大きく３つの時代に区分してとらえ、それぞれの時代の特色を描き出しています。

グローバリゼーション 1.0：

コロンブスのアメリカ大陸への到達（1492 年）からイギリスで起こった産業革命（18 世紀末）まで。

グローバリゼーション 2.0：

1800 年から 2000 年まで。蒸気機関と鉄道が前半の中心となり、後半は、電話、パソコン、人工衛星、光ファイバーが原動力。

グローバリゼーション 3.0：

1990 年代後半に新しい時代に突入。インターネットと電子商取引に始まり、「フラットな世界のプラットフォーム現象」が劇的な広がりをみせ、つぎつぎとイノベーションをもたらした。

グローバリゼーション 1.0 の時代は国家が主役。他国とどのようにうまく力を合わせ、世界統一を図ったらよいかが課題だった。

グローバリゼーション 2.0 における原動力は多国籍企業。イギリスやオランダの会社が世界進出の先陣を切った。国のグローバル化、企業のグローバル化に対して、21 世紀におけるグローバル化の特徴は、個人が大きな力を持つようになった――、とくにＩＴにみられるハード、ソフトを含めた環境が整備され、だれでもがどこからでも参加できる〝作業の流れ〟（ワークフロー）が、魔法のツエを使いこなすかのように整っていった。

個人が自由に情報にアクセスできるようになったのは、ファックス、パソコン、モデム（modem・コンピュータと電話回線の信号を交換する装置）などの普及に負うところが大きい。ベルリンの壁崩壊（1989年11月9日）以前から〝鉄のカーテンをすり抜ける情報〟（フリードマン）と国境の向こうの知りたい情報が飛躍的に増えていた。さらに壁崩壊によって、それまで世界に向けて閉ざされていた東ドイツやソ連邦の人々の目を開かせることになった。

以上が、インド、中国などのＩＴ現場を訪れ、技術者、経営者らから直接取材してまとめたフリードマンの〝経済の大転換と人類の未来〟に関する考察のハイライトです。

とくにフリードマンが強調しているのは「世界のフラット化とグローバル・プラットフォーム（platform・システムの基盤となるソフトウェアやハードウェアの環境）の整備」です。

基盤があったからこそインターネット上のイノベーションにつながったと分析しています。現在世界中の人々が、自分のコンテンツを文字、音声、画像としてデジタル化し、どこへでも安い費用で送信できるようになりました。

今日のインターネットの状況を考えるにあたって、ここでは国際的に貢献した２人を紹介するにとどめましょう。

１人はワールド・ワイド・ウェブ（world wide web）を開発したバーナーズ・リー。もう１人は、リナックス（Linux）を開発したリーナス・トーバルズ（第12章参照）。２人に共通している点は、インターネット・ユーザーのためにシステムを開放し、独占権を行使せず、自由に使えるようにしたことです。

グローバリゼーションをどう生きるか

ところで、読み書きができないことを英語では「illiteracy・イリテラシー」といいます。世界各国の人々が集まる会合などでは、それぞれの国の識字率を尋ね合うことがよくあります。日本の識字率は99%ですが、21世紀の10代にとって、近い将来〝ITリテラシー〟を身につけているかどうかが問われる時が来るかもしれません。

「好きなこと」「やりがいがあること」を見つけ出し、ITリテラシーを世界共通のパスポートとして世界の様々な職場でスキルを発揮することも可能です。世界が抱える難問――エネルギー危機や食糧難、温暖化などに世界の人々とともに解決への道を歩むことになるかもしれません。

少なくともITリテラシーが邪魔になることはなく、ひとりひとりの活躍の場は、広がりのあるものになるに違いありません。

[IPアドレス分布図―インターネットの普及]

地球縦断プロジェクト「POLE TO POLE」の冒険旅行（第10章参照）に参加した各国代表は、極地からもインターネットを通じて体験を世界に発信し続けました。
この分布図にも、南極大陸に小さな赤いドットがひとつプロットされています。これとあわせて、人口の多いアジアのほかアフリカにもインターネットにアクセスできない地域があることを図は示しています。

〝ネットギャップ〞は世代間でみられるだけでなく、地域格差を生んでいるわけですが、世界人口67億人のうち、携帯電話の契約者数は40億人を超えたとされています。進化する通信技術に対して、教育や経済のハードルは依然として高く、「つながる世界」の恩恵を受けられない地域の現状をどのように変えていくのか――〝デジタル・モバイル時代〞の重要な課題です。

（注）IP＝Internet Protocol

地図出典：『見てわかる地球環境　2008-2009』（トーマス・ヘイデン著／日経ナショナル ジオグラフィック社／2007年）

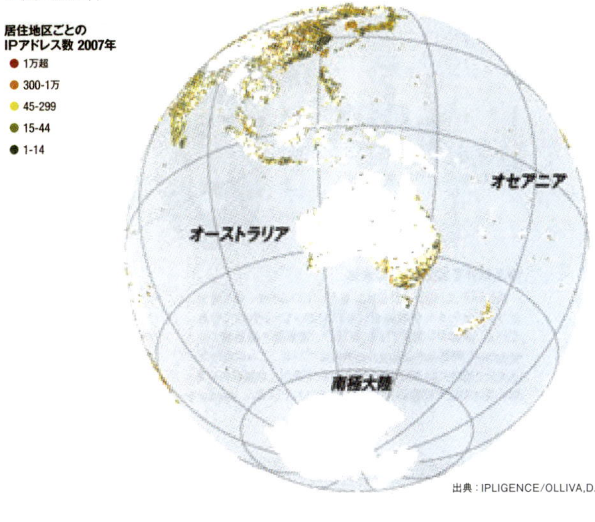

出典：IPLIGENCE/OLLIVA,D. AND CRUZ,E. 2007

Interview

「違う」ことが生み出す力

月尾嘉男
東京大学名誉教授

――東京大学では、工学部や新領域創成科学研究科の教授として学生の指導にあたられたわけですが、冒険を実現させたことで、教育を通しては見えなかったなにか大事なものが見えてきたといえるのでしょうか?

大学では幅広い分野にわたって比較的自由に研究させていただきましたが、ふりかえってみると、研究や教育の実績に関しては内心忸怩《じくじ》たるものがあります。ケープホーンでのカヤックの準備のために時間を確保する必要がありましたから、休日は全国各地の河川や海岸でカヤックをし、そのとき世話になる地元の人々と一緒に、地域振興とあわせて環境保全を目指す私塾を開き、そのかわりにカヤックの手助けをお願いしてきました。したがって、研究や教育は中途半端でしたし、大学も役所も定年前に退職してしまいました。

しかし自由な立場で、各地のさまざまな人々との交流を続けてきた結果、日本の地域の実情を身近に体験することができ、工業を中心とした画一的な経済成長路線に代わって、情報産業によって多様な目標を持った地域をつくり、そのために教育を変えていかなければいけないと痛感するようになりました。

——インターネットをめぐる技術革新と新しい産業の興隆にそなえての教育システムのことでしょうか?

国の目標である科学技術立国の観点からは、ノーベル賞を獲得する人物を1人でも多く育成するということは重要ですが、多くの人々が科学や技術に関心を持つ社会をつくることも重要だと思います。日本の教育は同じモノを大量につくる工業社会には適していたのですが、情報に価値を置く社会に適した教育への転換が遅れ、理工離れや学力低下が指摘されているのです。多くの教育者は、それぞれの立場で問題を認識していると思いますが、具体的にどうするかという対応に戸惑っているのが現実の姿です。

こうしたことが極端な形であらわれたのがバブル経済の時代です。経済への関心、金銭への関心が大きくなりすぎて社会に歪《ひず》みをもたらしました。東京大学の工学部で学生の就職を担当していた1990年代、工学系の学生が修士課程を終え、電機メーカーに就職し、その年に受けとった夏のボーナスが20万円だったのに対して、同じ年に証券会社に就職した高卒の女性のボーナスが100万円だったことがありました。6年余計に勉強してボーナスが5分の1という影響はすぐにあらわれました。

理科系の学生が金融や証券会社を目指す傾向が始まったので

す。そのような現実をみると、バブル経済の絶頂期には、算数や理科を勉強しても経済的には恵まれないといった考えが子どもたちに広がったと思います。理科や数学には子どもたちがわくわくする発見の喜びがありますが、学校での数学は公式暗記に終始し、理科は教科書通りの実験で理解させるようになっているのが現実です。とくに入学試験には独創性をみるような問題は出てきませんから、小学校から中学校や高等学校を通して個人の優れた能力を発揮するような授業に出合う機会は少ないと思います。

子どものころから人と違うことをするのはよくないとされ、先生にとってはなにかと質問してくる生徒をわずらわしく感じてしまうような状態が多くの教育現場に存在していたと思います。

一方、モノから情報に価値が移った社会では、違うことを考え出す人がより多くいることが重要になってきます。あえて農耕民族と狩猟民族との対比で考えてみますと、季節にあわせて同じ作物を生産する農耕に対して、獲物を追い求める狩猟は、群れの居場所を他者より早く発見して射止めねば生き延びられないわけですから、情報への対応では狩猟民族が有利となります。IT社会は独創的な個人に適しており、そのような人間を増やしていく教育が必要になります。

［第12章］
リーナスの流儀
～おもしろいことを共有する～

共有が創造を生む

変化の激しい時代だからこそ、〝知的冒険〟――無償で技術革新に取り組み、成果をあげること――への期待が高まるかもしれません。

現在、地球規模で進んでいる大きな変化について、どのようにとらえるかは、人により、立場により異なります。これまで各章にわけて、環境、資源、グローバルマネーをテーマとする課題について、それぞれが重なり合い、からみ合いながら人々の暮らしにさまざまな影響をもたらしていることを観察してきました。

冷戦時代のイデオロギー対立が消えたいま、悪い要因のすべてを「人口増と経済活動」に帰するわけにはいきません。また、古い殻に閉じこもったまま、ありきたりの日常業務をこなすだけでは、世界の新しい動きは目に入らないでしょう。

変化をどうとらえ、どう対処するか？　デジタル化、オートメーション化に加え、国境を越えたアウトソーシング（外部委託）を可能にしたウェブ社会では、イノベーションや共同作業によって、目の前の難問に対して解決を図る方向性が見いだされています。

国家や企業はもとより、地域社会もすべて個人から成り立っている以上、個人の力をどのように生かし、その能力を高める仕組みをどのように築き上げるか？

いうなれば、人材こそがコミュニティの〝貴重な資源〟とされる時代に、未知なるものに挑戦する〝知的冒険〟の動きが顕在化しています。

「それがとってもおもしろいと思うからで、そのおもしろいものをみんなと共有したいからだ」

フリーソフトウェアとしてネット上に無償で公開され、だれでもが参加できる〝オープンソース運動〟のきっかけをつくったLinuxオペレーティングシステムの創始者リーナス・トーバルズは、自身の生き方として「生き残り」「社会生活」「娯楽」の３つをあげています（『リナックスの革命――ハッカー倫理とネット社会の精神』ペッカ・ヒマネン著／河出書房新社）。

新しい社会の基盤となるテクノロジーを生み出したのは自分たちハッカー（優れたプログラマーのこと。コンピュータ侵入者のクラッカーとは区別）であると自負する技術者たちは、やりたいことに挑む動機について、金銭契約に基づいた仕事ではなく、「娯楽みたいなもの」あるいは「真剣な遊び」だとしています。

ひたすら情熱を傾け、少しでも他より優れたものを形にする――創造することに生きがいを感じています。

「企業が有償で開発・販売していたソフトウェアを凌《しの》ぐものが次々と無償で作られ、置き換えられている」

ベストセラー『ウェブ進化論――本当の大変化はこれから始まる』（ちくま新書）の著者として脚光を浴びた梅田望夫《うめだもちお》さんは、いち早くオープンソース現象に着目し、ヨーロッパ、アメリカの若者を中心とするその開発者人口300万人の「世の中を良くしたい」とする善意の広がりに期待を寄せています。

発展途上国におけるコレラ対策に関連して、ネット上にいくつかの課題が提示されてから、さまざまな領域の専門家が協力し合い、無償で解決を図った事例にも触れています。

なにを選択するか

好きなこと、おもしろいこと、やりがいのあることに没頭する〝リーナスの流儀〟は、働いて報酬を得るこれまでの生き方とはずれがあります。しかし、環境、エネルギー、貧困といった〝行き詰まった課題〟に活路を開くイノベーションへの期待がリアルな世界に代わってネットの世界に向けられたことは、不思議なことではありません。硬直的であるために絶望的な局面をみせるリアルな世界に対して、不特定多数のソフト開発者が無償で自由に参加するオープンソースコミュニティによる大胆な知識の組み替えモデルが実を結ぶ可能性を、いまやだれしも否定できないでしょう。

オープンソースの源流となったのは、マサチューセッツ工科大学のプログラマー、リチャード・ストールマンによる「フリーソフトウェア運動」です。ソフトウェアは本来自由であるべきだとするストールマンは、1980年代から特定の企業が高い価格で販売することに反対し、みんなが共有できるように訴え続けました。この運動を助長したのが、1990年代のインターネットの登場でした。

プログラマーの間では、共有によって商品開発も進み、競争モデルでは生まれてこない新たなビジネスモデルが誕生して、ＩＴ業界にも浸透していきました。そうした流れの中で、リーナス・トーバルズがリナックスのカーネル（核）を開発し、一気にオープンソースが広がりをみせました。リーナスの流儀に共鳴する若手エンジニアたちは、無償のプロジェクトに参加しながら好きなことをやり続け、創造性につながる奇跡を起こすことに生きがいをみせています。

中国、インド、ロシアでは経済改革とあわせて情報革命が進み、個人にとっても学び、働く機会が飛躍的に増えています。ウェブの導入によって、これほど個人に対して門戸が開かれた時代はこれまでなかったといってよいでしょう。

先進工業国では、農業から製造業へ、製造業からサービス業へと産業構造の変化がみられますが、古い制約にとらわれることなく、各国がサービスをグローバルに提供し、競争し合う時代へと突入しています。

学ぶ喜びを感じ、IT 能力を身につけて好きなことに挑戦する、しかも、そこには国境はないとすれば、先進国、新興国、発展途上国の区別なく、個人の選択肢は限りなく増え、ビジネスチャンスも生まれてくるでしょう。

みなさんはなにを選択しますか？

なお、時代の大きな変わり目には、新旧のせめぎ合いがどこでもみられます。古い教育制度を批判するだけでなく、古いなりに改善を図り、新しいなりの弱さを補強することで学ぶための選択の幅が広がります。

「教育・技術大国」としてのアメリカについて、世界の若者に教育の機会を与えるためアメリカほど門戸を開いている国はないとするのが大方の見方です。

国際教育研究所（アラン・E．グッドマン会長）によると、2004 年から 2005 年にかけて、アメリカの大学に留学した各国の留学生数は、インド人 8 万 466 人、中国人 6 万 2,523 人、韓国人 5 万 3,358 人となっています。また、アメリカ全土の大学約 4,000（単科大学を含む）が留学生を受け入れています。

[第13章] PISA ～15歳学力調査について～

理数離れは進んでいるか

グローバル化のスピードが速まるなかで、世界と向き合う機会が否応《いやおう》なく増える「日本の15歳」の学力はどの程度の水準に達しているのでしょうか？　また、理数離れは進んでいるのでしょうか？　国際比較した調査結果が出ましたので、みなさんと考えてみましょう。

経済協力開発機構（OECD）が15歳を対象に実施する「学習到達度調査」（Programme for International Student Assessment・通称PISA）の第3回の結果が2007年12月世界同時に発表されました。2000年に第1回が始まったPISAは、3年ごとに実施され、回を追って参加国・地域が増え、2006年の今回は57の国・地域が参加、40万人(日本では高校1年生6,000人）がテストを受けました。

06年調査では「科学的リテラシー」「数学的リテラシー」「読解力」の3つの分野に関し、知識を問うことより、理解の度合い、実生活における応用力（リテラシー）に主眼を置いています。

３つの分野のそれぞれの国別順位は以下の通りです（ただし、ベスト３と日本の順位に限定。カッコ内は前回の順位）。

＜科学的リテラシー＞

1位 フィンランド（1位）　2位 香港（3位）　3位 カナダ（11位）

〜〜6位 日本（2位）

＜数学的リテラシー＞

1位 台湾（初参加）　2位 フィンランド（2位）　3位 香港（1位）

〜〜10位 日本（6位）

＜読解力＞

1位 韓国（2位）　2位 フィンランド（1位）　3位 香港（10位）

〜〜15位 日本（14位）

ランキングをみるよりも「教育の課題を把握し、どのようによくしていくかが目的」（グリアOECD事務総長）とするPISAでは、テストとは別に理科学習への意欲についても各国の比較検討を行っています。

「科学に関係する職業につくことを期待しているか」

「生徒が実験室で実験を行う」

「科学に関するテレビ番組を見る」

以上の設問では、日本の高校生の回答はいずれもOECDの平均より低くなっています。

数学的リテラシーと読解力に関する調査内容の詳細は、今回公表されておりませんが、最も重点的に分析が進んだとされる科学的リテラシーの分野では、日本について「理科の授業が活発に行われているとはいえない」と報告されています。科学的リテラシー分野で上位グループに入った日本の場合、「科学的証明を用いる」能力では２位、「現象を科学的に説明する」では７位となっています。

また、今回出題された**温室効果に関する問題（注）**の正答率はOECD平均の18.9％とほぼ同じ17.6％でしたが、答案に記述しない「無解答率」はOECD平均の35.5％より5.6ポイント高い41.1％でした。

日本の将来像については、これまでの貿易立国から高度な技術立国を目指すという合意が産業界に生まれているときだけに、10代の科学への関心の度合いには、社会全体として注目しているところです。

（注）温室効果に関する問題

温室効果に関する問題では、太陽から地球に届く放射エネルギーと大気との関係に触れ、地表からの放射エネルギーの一部が大気に吸収され、大気のない場合より気温が高くなる「温室効果」がみられると指摘、地球の平均気温と二酸化炭素排出量との相関を示す２つのグラフが例示されています。太郎さんと花子さんの２人の意見の違いが出題され、平均気温が上昇した要因を二酸化炭素排出量の増加と結論づけた太郎さんに対して、花子さんは「温室効果に影響を及ぼす可能性のある他の要因が一定であることを確かめなければならない」として、その要因をひとつあげることを問うています。（参考：『生きるための知識と技能３　OECD生徒の学習到達度調査（PISA）2006年調査国際結果報告書』／国立教育政策研究所編／ぎょうせい）

生徒のやる気を引き出す

「ＰＩＳＡ型学力」を高めるため、〝サイエンスリテラシー〟をカリキュラムに取り入れた高校が2009年４月に開校しました。

神奈川県横浜市立横浜サイエンスフロンティア高校は、若い世代の理数離れに危機感を抱く人々が知恵と情熱を傾けて開校に漕ぎつけました。すでに、94億円を投じた校舎には20の実験室や400台以上のパソコン、高性能の顕微鏡などが完備され、第1期７１人の入学生を迎えました。「科学的な考え方で問題を解決できる人材を育てる」という基本理念に基づき、東京・神奈川の９つの大学の教員、横浜市内の企業の研究員など約50人を「科学技術顧問」として迎えてのスタートです。

同校の初代校長に就任した佐藤春夫氏は、日本の高校生の学力について「私の専門は数学ですが、最近の高校生がとくに劣っているとは思いません。ＰＩＳＡの結果は平均点です。成績上位の生徒をどれだけ育てるかが重要です」と語っています。開校にあたり、佐藤校長は、「生徒たちのやる気をいかに引き出すか。やる気を引き出せれば、びっくりするほどの力を発揮するのが15歳前後の年代です」と意気込みをみせています。

また、佐藤校長は長年の教員としての経験から詰め込み教育の限界を痛感し、和田昭允氏（東京大学名誉教授）の〝やる気を引き出す〞教育方針に共鳴しています。和田氏は、横浜サイエンスフロンティア高校の設立計画にも参画し、同校のスーパーアドバイザーに就任しました。

——生徒が驚きを感じ、なぜだと思うことを大事にする。解決方法を考えることがおもしろくなれば、知識を吸収していきます。そして新たな驚きを発見する。知のサイクルを繰り返すことで、学習効率が高まる——というのが和田さんの持論です。

同校には和田さんの心遣いにより、イギリスのニュートンの生家から東京大学植物園に寄贈されたリンゴの苗木が枝わけされ、接《つ》ぎ木クローンとして贈られました。苗木が育つのを見守りながら、ノーベル賞候補の巣立ちに期待をこめる人々の思いが伝わってきます。

Interview

情報社会と教育

月尾嘉男
東京大学名誉教授

―― PISAの2006年テスト結果では、日本は各科目とも前回より順位を落としています。日本における子どもたちの理工離れと国際競争力比較での順位の下落をどのようにみたらよいのでしょうか？

わが国の科学技術の現状は、研究開発投資、先端技術の輸出、論文の発表件数、特許の取得数などでは世界の上位にあり、それが日本のモノづくりにも反映されていると思います。しかし、GDP当たりの公的教育投資の比率では先進国のなかで41位、1人当たりでは20位(2006年ユネスコ統計）と下位に甘んじています。若者の科学への関心の度合いについてのアンケート調査では21位(2008年スイスIMD調査）です。また、総理府の調査によって世代別に科学への関心の高さをみると、40代、50代、60代の順で高く、20代は低くなっています。PISAの結果は若い世代に対しての従来の教育のあり方が問われているということを示しています。

―― PISAで上位を占めているフィンランドに内外の注目が集まっています。フィンランドは、世界経済フォーラムの経済競争力ランキングでも、過去４年連続で１位、２位になっています。情報先進国としても世界をリードしているとも聞いていますが、なにか重要なカギがあるのでしょうか？

社会全体として教育に力を入れてきた結果があらわれていると思います。フィンランドも日本と同じように〝ゆとり教育〟を重視してきましたが、〝ゆとり教育〟の方法が違うように思います。日本の〝ゆとり教育〟は放任に近い状態ですが、フィンランドでは生徒ひとりひとりが必要としている内容を教える時間が〝ゆとり教育〟なのです。日本の教育現場では、そのようなひとりひとりの生徒の疑問や関心に対応してきたかというと疑問です。

――国連では、2005年から2014年までを〝持続可能な開発のための教育の10年〟と宣言しています。フィンランドの場合、自国の文化、経済、環境をふまえながら、地球規模で貢献できるような若者の育成を目標としています。

情報社会における教育の果たす役割が大きいことはいうまでもありませんが、情報通信技術の活用が重要なカギだと思います。世界のIT競争ランキング（2008年）では、１位デンマーク、２位スウェーデン、３位アメリカ、４位シンガポール、５位スイスで、

日本は前年（2007年）の19位から17位に浮上しています。日本は電子立国のイメージが定着していますが、ブロードバンドの料金の点では世界で最も安価であるものの、携帯電話の普及は52位、コンピュータの普及は26位、インターネットのブロードバンド回線の普及は16位で、情報社会の基盤が十分に整備されていないと思います。

——工業にせよ、情報にせよ、技術革新のうえでは便利さが求められ、快適な生活を送るにはエネルギーが欠かせません。資源も無尽蔵にあるわけではないという認識も高まりつつあります。モノの大量廃棄には懲りているだけに、ITとエネルギー消費に関してどのようにバランスをとったらよいのでしょうか？

産業革命以来、人類は石炭、石油、天然ガスなど化石燃料を動力、熱、電気に変換して経済成長を遂げてきたのですが、環境と資源、さらには人口の増加の点で壁に突きあたってしまいました。例えば普通の人が時速4キロで歩くのに対して、自動車は時速80キロと人間の20倍の速度の移動を可能にしてくれますが、人間が1キロ進むのに必要なエネルギーに対して自動車は20倍のエネルギーと資源を使います。基本的性質として〝便利さに比例してエネルギーと資源を使う〟技術が産業革命以来の社会を発展させてきたということができます。

一方、IT技術は、〝便利さは増大してもエネルギーや資源の消費は減る〟という性質を持っています。例えば、新聞を自宅に配達してもらって読むと1日につき1,200キロカロリーのエネルギーを必要とするのに対して、同量の記事を電子新聞で読めば20分の1のエネルギーの60キロカロリーで可能ですし、24時間いつでも最新の記事を読むこともできます。

便利さや快適さに比例してエネルギーや資源を使う技術の時代からの転換が始まっているのです。

[第14章]
15歳のやる気
〜最年少エコカー・ドライバー〜

やりたいことが見つからない?

——宇宙に行って感じたことは、生命と死の微妙なバランスの上に、私たちの星「地球」が存在しているのだ、ということです。一切の生を許さない宇宙空間にあって、まばゆいばかりの命の輝きに満ちた地球が浮いている。そしてその両者を隔てるのは、爪《つま》先《さき》ひとつほどの薄い大気のベールだけなのです。圧倒的な死の感覚の中で見る瑞々《みずみず》しい地球の姿は、まさに奇跡としか言いようがありません。

これは、宇宙飛行士の野口聡一《のぐちそういち》さんが、10代の若者を対象とした本に寄せた「茅《ち》ヶ《が》崎《さき》から宇宙を目指した16歳」(『16歳 親と子のあいだには』所収/平田オリザ編著/岩波ジュニア新書)の一節です。

1981年の春、神奈川県立茅ヶ崎北陵《ほくりょう》高校に入学した野口さんは、陸上部の練習や小学2年生から始めたボーイスカウトの活動を通して、キャンプや仲間たちとの冒険旅行を楽しみます。

10代に培《つちか》ったキャンプの技術が、冬山や水上における宇宙飛行士のサバイバル訓練に役立ったと回想しています。

16歳の誕生日を迎える直前の4月12日、スペースシャトル・コロンビア号の最初の飛行をテレビでみて、宇宙飛行士を目指したと、同じ本の中で野口さんは述懐しています。

「自分探し」に迷ってしまう若者に対して、野口さんは「自分がやりたいことは何か、なりたいものは何なのか」という問いかけは、本来単純なものであるはずなのに、「自分を客観的に情報化することになれてしまって、かえって本来の可能性」を見失っていると指摘しています。

スペースシャトルの船外活動を通して、地球と向き合えた体験を貴重なものとして、「地球が生きている」また、「人間をはじめとするたくさんの生命がそこにいる」さらに、「ひとつひとつの命が輝いている」ことに思いをめぐらすのです。

宇宙からみた地球の輝きは、自分たちの命の輝きにつながっているとみる野口さんは「親との関係、社会との関係、地球との関係を、今いちど見つめなおして」ひとりひとりがさまざまな可能性と夢を持って生きていることに目を向けてほしいと10代の若者に呼びかけています。

こうした野口さんの呼びかけに、世界の15歳はどのように応《こた》えてくれるでしょうか？　15歳前後にどんな体験をするか、自分がやりたいことに遭遇できるか。人それぞれにさまざまな未来が広がっているとしても、目指すものに向かって歩み出せるかどうか。

〝15歳の方程式〟を解くヒントがあるとすれば、それを見つけ出すには学習の現場を見聞するのが早道です。今回は、わが国最年少の〝エコカー・ドライバー〟が育つ長野市立篠ノ井《しののい》西中学校を訪ねてみました。

見つける力とやりぬく力

夏休みが始まった直後の2008年7月26日、土曜日とあって静まりかえった校舎のなかで、東側1階の金工室（金属加工をする教室）からは、人声と金属音が聞こえてきました。

ブルーのつなぎを着こなした2年生と3年生30人（13－15歳）が、取り組んでいるのは、燃費（燃料消費率。1リットルの燃料で走れる距離）を競うエコカー（省エネカー）です。廃棄直前のオートバイのエンジン、使われなくなった自転車の車輪を活用して、「環境」と「モノづくり」を実体験しているのです。

2003年4月から導入された「選択制授業」の講座のひとつに技術・家庭科が加わったことで、エコカーの手づくりが始まりました。木工、機械整備といった基礎知識を発展させ、実技を伸ばす必要性を感じていた担当教諭の箕田大輔《みのだだいすけ》さん（当時33歳）は、1年生で学級を担任して以来車の話をするようになっていたY君（当時13歳）にエコカーをみんなでつくることを伝えました。NHKテレビ番組「プロジェクトX」に強い関心をみせ、番組の全集を教室で読みふけっていたY君に、箕田さんはかねてから目をつけていたのです。

箕田さんは、Y君を含め技術・家庭科を志望した2年生16人に、まず小さな実験をみせます。小道具として、乾電池、小さなフィルムケースとニクロム線を用意しました。ニクロム線をフィルムケースに結びつけ、ケースにガソリン1滴を落として蓋《ふた》をし、ニクロム線の片方の端を乾電池に接続します。火花が散り、気化したガソリンに引火して爆発、ボーンという音をたてて蓋は飛び散りました。

車を動かす力やエンジンについて知らされていなかった16人全員が驚きの声をあげました。ガソリン1滴（0.5ミリリットル）の力を目撃したことで、ガソリン1リットル当たりの走行距離を競う省エネカーにみんなの関心が集まるようになったのです。

篠ノ井西中のエコカーづくりは、工具や電機工作機械の扱い方の手ほどきから始まり、近隣の鉄工所、オートバイ店などの善意に支えられて、〝金をかけずに〟進められてきました。

2つの前輪、ひとつの後輪で、幅1.5メートル、長さ3.5メートル以内に限定され、1人がやっと座れる「西中のエコカー」は、鈴鹿《すずか》サーキット（三重県）、ツインリンクもてぎ（栃木県茂木《もてぎ》町）で行われたカーレース全国大会にも毎年出場、2007年の27回燃費競技全国大会（本田宗一郎《ほんだそういちろう》杯・ツインリンクもてぎ開催）では、中学校部門で優勝しました。

優勝した西中の「クリエーション号」の成績〝1リットル当たり1,008.885キロ〟は、一般部門でも上位に入るものです。エコカー最大の目標は、「リッター1,000」。つまり東京―山口間1,000キロをガソリン1リットルで走行する車を中学生チームが完成させたのです。これには参加した大学生たちも度肝を抜かれました。

クリエーション号のリーダーは、プロジェクトX全集を読みふけっていたY君の弟さん（3年生）でした。Y君が西中1号として出した「107km/ℓ」をはるかに上回るものでした。また、2007年7月イギリス・ノーサンプトンのロッキンガムサーキットにも参加したクリエーション号は、世界50チーム（一般部門）のなかで9位の成績（980km/ℓ）をおさめています。

「中学2年生の場合は、13歳か14歳ですから、当初カーレースドライバーの年齢制限が15歳以上だったときは、私が運転しました。翌年には3年生になって、やっと15歳を迎えたN君が運転したのです。西中の成績が認められ、2005年からは中学部門が新設されました。競技会に参加する最年少のドライバー、エンジニアとして高校生、大学生はもとより社会人すらもおびやかしていると言ってもよいのではないでしょうか」（箕田さん）

すでに西中を卒業し、高校や大学に進学している先輩たちは、車づくりとカーレースから得たものはなにかという問いに対して、「道」「未来」とそれぞれが答えています（「朝日中学生ウイークリー」2007.10.21）。

「競技大会があってここまで進路も決まってきた。やりたいことがあれば、なんでもできますよ。それが授業で見つかったなんてほんと感謝です」（K君）

「将来ロボット関係に行きたいんですが、中学からやってきた独創的なモノづくり、機械的な知識が、そこでも生きると思う」（M君）
「好きなテーマを見つけたときの真剣なまなざし、留《とど》まることを知らないパワー、そして極限までがんばりぬく」10代の姿を間近にみてきた箕田さんは、小学生には出せない技量と考えぬく力を感じとっている一方、部活と受験に追われがちな〝学校べったり型〟の高校生とも違って、好きなことに〝やる気〟をみせる中学生の潜在能力をしっかりと見守りたいとも語っています。

15歳のときスペースシャトル・コロンビア号の打ち上げをみて宇宙飛行士を志した野口さんは「自分が目指すものに向かって、今できることを一つずつ自分の手でやって行く」ことの大切さを説いています。
2008年秋の競技大会に向けて、篠ノ井西中金工室には溶接の音が響き、金属が溶けるにおいがただよっていました。未来に向かって自分たちの道を切り開こうとする若い力。あたかも、野口さんが宇宙でとらえた「輝いている地球」の姿と重なり合って、国境を越え、時代さえも超えて、命の輝きとして人々に瑞々しいメッセージを送り続けているように感じられました。

Interview

想像こそ創造への出発

月尾嘉男
東京大学名誉教授

――反抗期ともいわれる13歳から15歳までは、感受性も強く、感動したり、もがき苦しんだりする年代だと思います。それだけに創造性の芽をつぶしてしまわない環境を用意することが必要ではないでしょうか？

平等主義が依然として残る現在の教育制度では、多数のなかの一部の優秀な生徒を対象とした授業は実施不可能と考えられています。能力のある生徒をさらに引っぱるような英才教育は少なく、モノづくりのうえで生徒の能力を見つけ、生徒自身のやる気を引き出す教育をしている長野市立篠ノ井西中学校の事例は例外です。

親や教師の言動にとらわれることなく、この年代では自分自身がやりたいと思うことを自分自身の発想でやるという、既存の価値観を破るような教育をするべきだと思います。

――有馬朗人《ありまあきと》さん（元文部大臣・元東大総長）が塾長の「創造性の育成塾」は、2008年の夏3回目の合宿（集中講義）を実施したとうかがいましたが、月尾先生はどんな講義をなさったのでしょうか？

2008年には全国から選ばれた中学2年生を中心とする49人が山梨県富士吉田市に集まりました。高校受験にとらわれない理科好きの13歳、14歳を対象にノーベル生理学・医学賞受賞者の利《と》根《ね》川《がわ》進《すすむ》先生をはじめとして、科学の最先端で活躍しておられる先生を講師に迎えて7日間にわたって講義が行われました。

私の場合は「想像こそ創造への出発」と題して、日本の科学技術の現状や未知の分野であるフロンティアを目指すことが重要だということを講義しました。学問の語源であるギリシャ語のフィロソフィアは「知るということを愛する」という意味です。まず自然という対象に興味を持つこと、つまり〝好奇の精神〟が出発点にあるということです。そこから想像力を働かせて自然の仕組みを解明していくことが科学で、想像することが創造に発展してきたのが科学の歴史です。

その好例が大陸移動説を唱えたアルフレート・ウェゲナー（1880－1930年）です。彼は南米大陸の東側とアフリカ大陸の西側の海岸線が似ていることから思いつき、3億年以上前にはひとつの超大陸であったパンゲアが、およそ2億年前から次第に分離して現在の各大陸になったという理論を発表しましたが、当初はまったく無視されました。その後、スカンディナヴィア半島の岩石と北アメリカ大陸のアパラチア山脈の岩石が一致していることや、アフリカ大陸と南アメリカ大陸に同一の生物の化石が発見されたことなどを根拠にして〝大陸移動〟を確信しますが、それが社会に認められたのは死後のことでした。このように批判を恐れずに挑戦してきた先人の足跡に目を向けてほしいということを伝えました。

トーマス・エジソンのさまざまな発明を紹介し、数多くの発明のなかで、成功したものと成功しなかったものとの背景を考えてもらいました。また、多くの発見や発明が人類に貢献していますが、その〝便利の代償〟として問題も発生しているということも考えてほしいということで、発明当時は理想の物質と評価されていたフロンが、後にはオゾン層を破壊するということになったという例などを紹介しました。

子どもたちは本当に熱心で、無償で協力している講師の先生たちも子どもたちの学習意欲を十分感じとっていました。

――子どものころから車、電話やコンピュータは当たり前とする生活では、技術やエネルギーに依存してしまい、朝焼けも夕焼けもみることなく、デジタル時計にあわせて過ごすような状況です。自然災害を受けてあらためて自然と向き合うわけですが、サバイバルのためには子どもたちになにを伝えたらよいとお考えでしょうか？

情報が氾濫《はんらん》する社会からなにを得たらよいかは大変にむずかしい問題です。我々は大半の知識は書物などに記録された情報から得ています。それはインターネットなどの技術により一層便利になっていますが、新たに発見することはありません。人間が自然のなかに放り出されてみると、その限界を知るわけです。記録された情報だけでは生きるために必要な知恵は十分には得られないということです。

子どもの時代から自然に接し、自分の体験を通して自然の美しさ、自然の怖さを知ることで知能や感性を磨き、危険に対処する方法を得ることも重要です。

都市に生活する人間が増えていくと、その都市を支えている技術が人間の感覚を退化させてしまうという問題が顕著になります。人間にとっては、どのように生きるかが最も大事なことで、教育制度のなかにこの点が抜け落ちています。

技術というガードマンに守られていない自然環境で生きていく力を子どもたちが身につける教育を、どのように現在の教育制度のなかで実現していくかが大きな課題です。

[第15章]
「地球地図」始動
～164ヵ国16地域参加～

「地球地図」プロジェクト

世界への窓を開くのが地図です。コロンブスは海図をもとに新大陸を発見し、マゼランは「ベハイムの地球儀」をもとに世界一周を果たし、地球が丸いことを実証しました。また、アメリカ西部開拓史には、第３代大統領トマス・ジェファソン（在位1801－1809年）の命令で、メリウェザー・ルイスとウィリアム・クラークがセントルイスからミズーリ川をさかのぼり、ロッキー山脈を越えて太平洋岸までを探検し、地図の作製にあたったことが記されています。

探検の歴史は、地図に始まり、地図を描き換えることで完結するといった側面がありますが、国家機密として地図の公開が許されなかった時代も続きました。近年各国とも軍事機密から解き放たれ、衛星写真の活用と相まって精度の高いデジタル・マップや立体図がつくられるようになっています。

1996年わが国の提唱で国連計画「地球地図」プロジェクトが

スタートし、世界を100分の1の縮尺で統一して、地理情報を公開するという計画が具体化しました。
「地球環境問題を解明して対策を立案し、持続可能な開発を実現するとともに災害を軽減するために地球規模の全球陸域の地理情報を各国の協力により整備する」
すでに、2004年12月に発生したスマトラ島沖大規模地震にあたっては、インド洋、南シナ海を中心としたスマトラ島沖周辺地図に津波被害情報が書き込まれ、救援活動や復旧活動のために提供されました。
「地球地図」への参加国は、164ヵ国16地域。公開している国は69ヵ国4地域です。行政地図、地形図、都市図をベースに、主題別に「樹木被覆」「気温上昇変化」「海面上昇」にわけ、それぞれの年代別変遷図と予測図（地球全体と地域別将来図）が作製されています。

「地球地図」にアクセス

第3章「南と北の森林に危機信号」でも触れましたが、「地球地図」のウェブサイトには、森林と人口分布との関係が6大陸全域にわたって表示されるようになりました。シベリアのタイガについては「地球温暖化の火薬庫」ともいわれるほど、炭素が地中に閉じ込められていて、地球上の二酸化炭素循環に関して重要な役割を果たしています。一方、地球全体の熱帯雨林の4分の1を占めるブラジル・アマゾン川流域では森林の農地や牧場への転用による森林破壊が進んでいます。

樹木被覆状況については、2000年をもとに20年ごとの世界の森林減少予測図も主要地域ごとに表示されるようになっています。みなさんも、「地球地図」にぜひアクセスしてみてください。

●地球地図国際運営委員会ホームページ

http://www.iscgm.org

●みんなの地球地図ホームページ

http://www.globalmap.org/

●国土地理院のホームページ

http://www.gsi.go.jp/

「地球地図」に参加する164ヵ国16地域

資料提供：地球地図国際運営委員会事務局

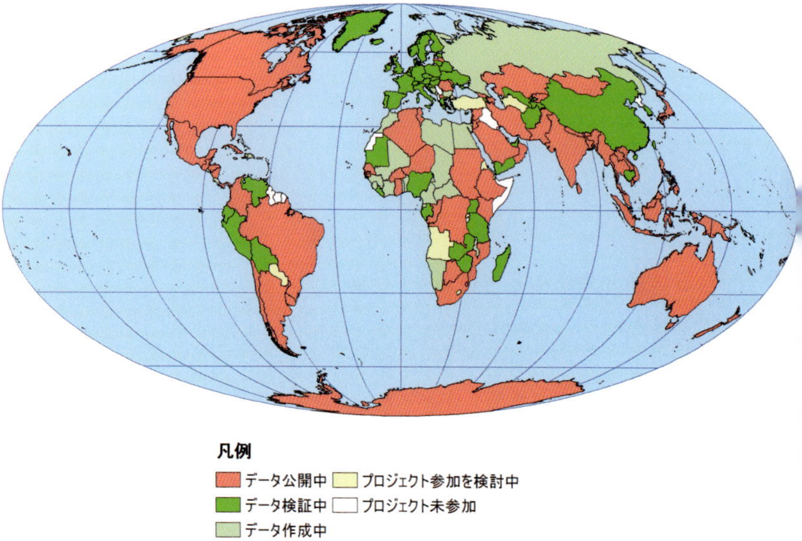

＜アジア＞
インド
インドネシア
韓国
カンボジア
シンガポール
スリランカ
タイ
中国
日本
ネパール
パキスタン
バングラデシュ
東ティモール
フィリピン
ブータン
ブルネイ
ベトナム
マレーシア
ミャンマー
モルディブ
モンゴル
ラオス
香港（地域）
マカオ（地域）

＜中東＞
アフガニスタン
アラブ首長国連邦
イエメン
イスラエル
イラン
オマーン
サウジアラビア
シリア
バーレーン
ヨルダン
レバノン
パレスチナ（地域）

＜オセアニア＞
オーストラリア
キリバス
サモア
ツバル
トンガ
ニュージーランド
バヌアツ
パプアニューギニア
フィジー
アメリカ領サモア（地域）
クック諸島（地域）

＜アフリカ＞
アルジェリア
ウガンダ
エジプト
エチオピア
ガーナ
カーボベルデ
ガボン
カメルーン
ガンビア

ギニア
ギニアビサウ
ケニア
コートジボワール
コンゴ共和国
コンゴ民主共和国
ザンビア
シエラレオネ
ジンバブエ
スーダン
スワジランド
セーシェル
赤道ギニア
セネガル
タンザニア
チャド
中央アフリカ
チュニジア
トーゴ
ナイジェリア
ナミビア
ニジェール
ブルキナファソ
ベナン
ボツワナ
マダガスカル
マラウイ
マリ
南アフリカ
モーリシャス
モーリタニア
モザンビーク
モロッコ
リビア
リベリア
ザンジバル（地域）
セントヘレナ島（地域）
トリスタンダクーニャ（地域）

<欧州>
アイスランド
アイルランド
アゼルバイジャン
アルメニア
アンドラ
イギリス
イタリア
ウクライナ
ウズベキスタン
エストニア
オーストリア
オランダ
カザフスタン
キプロス
ギリシャ
キルギス
グルジア
クロアチア
サンマリノ
スイス
スウェーデン
スペイン
スロバキア
スロベニア
タジキスタン
チェコ
デンマーク
ドイツ
ノルウェー
ハンガリー
フィンランド
フランス
ブルガリア
ベラルーシ
ベルギー
ポーランド
ボスニア・ヘルツェゴビナ
ポルトガル
マケドニア
　旧ユーゴスラビア共和国
マルタ
モナコ
モルドバ
モンテネグロ
ラトビア
リトアニア
リヒテンシュタイン
ルーマニア
ルクセンブルク
ロシア
コソボ（地域）
バチカン（地域）

<北米>
アメリカ
カナダ
バミューダ（地域）

<中南米>
アルゼンチン
アンティグア・バーブーダ
ウルグアイ
エクアドル
エルサルバドル
キューバ
グアテマラ
グレナダ
コスタリカ
コロンビア
ジャマイカ
セント・ヴィンセントおよび
　グレナディーン諸島
セント・ルシア
チリ
ドミニカ共和国
ドミニカ国
トリニダード・トバゴ
ニカラグア
ハイチ
パナマ
ブラジル
ベネズエラ
ベリーズ
ペルー
ボリビア
ホンジュラス
メキシコ
英領バージン諸島（地域）
オランダ領アンティル（地域）
ケイマン諸島（地域）
モントセラト（地域）
南極（地域）

北極（北緯90°）
経線全周距離は
40,008km
北極圏（北緯66.3°）
北回帰線（北緯23.27°）
緯線は東から西へ
平行に引かれている
赤道（0°）
全周：40,077kr
南回帰線
（南緯 23.27°）
北から南へ走るのが経線。
北極および南極で出合い、
経線間の距離は
赤道で最大となる

[だまし絵? 大西洋から裏側のオーストラリアが見える?]

世界地図に描かれた〝想像上の点と線〟によって、地球上の位置が示されます。

【赤道とは――】

英語ではEquatorといいます。red lineとはいいません。同等とみなすという動詞equateと同じ系列の語です。地球の中央部を輪切りにしたときの球体表面の円い線(平面図では直線か曲線)をEquator(赤道)と決め、その北の部分を北半球(Northern Hemisphere)、南の部分を南半球(Southern Hemisphere)と呼んでいます。北極から赤道までの距離と南極から赤道までの距離はまったく同じです。

【経度(経線)とは――】

英語ではLongitude(line of longitude)といいます。球体の表面を北極から南極まで一周すると仮定した縦の線を経線と呼んでいます。イギリスの旧グリニッジ天文台を通る子午線(南北線)を零度にして、東西それぞれ180度に分けて表します。零度子午線から東回りを東経、西回りを西経と呼び、例えば東経90°、西経45°のように表します。

【緯度(緯線)とは――】

英語ではLatitude(line of latitude)といいます。赤道も緯線のひとつで、赤道を零度として北を北緯、南を南緯と呼び、それぞれ零度から90度まであります。緯線も地球儀では、赤道に平行して東西を一周する円い線として描かれ、平面図上は直線あるいは曲線で描かれています。北緯60度以北が北極圏、南緯20度から30度の間にオーストラリア砂漠が分布するといったように表します。

地図出典:『ビジュアル ワールド・アトラス――絵で知る図で読む』(ルディコ、山川さら訳/正井泰夫日本語版監修/同朋舎出版/1995年)

Interview

地図からみたグローバリゼーション

正井泰夫《まさいやすお》
日本国際地図学会元会長・立正大学名誉教授
『今がわかる 時代がわかる 世界地図2009年版』
『ビジュアル　ワールド・アトラス』（監修）

――グローバリゼーションと地図、とくに「世界地図」の歩みと役割についておうかがいしたいと思います。大航海時代以降スペイン、ポルトガルによる探検航海が、大西洋、インド洋、太平洋へと大きく進展しますが、16世紀から17世紀にかけてオランダを中心に花開いたのはなぜだとお考えでしょうか？

第9章でもマルコ・ポーロ一行の東方アジアへの旅行を紹介しましたが、13世紀ごろ始まったイタリア・ルネッサンスがヨーロッパに広がるのとあわせて、地中海を中心とした海上交通を促したのが、航海術、造船技術、天文学の発達でした。当然のことながらポルトガル、スペイン、イタリアでは海図や陸図の製作も進みましたが、「世界地図」としては、オランダのメルカトルやオルテリウスといった地図製作者があらわれるまでは、対象となる地域も限定されていたのです。

大航海時代と世界地図製作は一体となって進んでいきます。探検家たちがもたらす情報が増え、正確な情報を羊皮紙などを使って地図上にまとめて描いたのがオランダの地図製作者たちでした。マルコ・ポーロの『東方見聞録』をもとにアジアの部分が付け加えられたり、日本列島の位置がハワイ付近に描かれたりしたものも、16世紀ヨーロッパを代表する世界地図として残されています。

ヨーロッパでは王族、貴族間での婚姻や戦争がらみの盟主の引き抜きは頻繁に行われていましたから国際化は早くから進み、領土の拡張、海軍力の増強、貿易の振興といった点で、情報源としての地図が重要視され、各国間で競い合っていました。

1581年にオランダ（ネーデルラント）がスペインから独立するまでの間に、大西洋から北海に通ずる海上交通が発達し、オランダ、イギリス、フランスの造船力が増強されます。とくにアムステルダムを中心に地図づくりが活発になり、図面に赤道と平行する緯線と南北を示す縦の経線を引いて、方位を正確に示すメルカトル図法が確立されました。

――オランダの黄金時代が生んだ〝光の天才画家〟フェルメール（1632－1675年）の作品には、女性の人物像の背景として部屋の壁掛け地図や地球儀がよく描かれています。オランダやヨーロッパの克明な地形とあわせて、海に点在する商船も目を引きます。また、「地理学者」「天文学者」と題する作品には、和服に似た衣装を羽織った1人の男性が地球儀や天球儀のある部屋で思いにふけっている様子がみられます。

地図製作者メルカトルが高名な天文学者に師事していたとか、顕微鏡を発明した科学者がフェルメールと同年代に同じ街デルフトで生まれていたとか、16世紀から17世紀にかけて繁栄を続けたオランダの時代背景が作品から読みとれます。

オランダのシンボルでもある風車や干拓が造船をはじめ木工技術の発展を促し、東インド会社による東南アジア貿易で得た富をもとにアムステルダムは、経済、科学、美術の中心にもなっていきました。ついでながら、グローバリゼーションの語源のグローブ（globe）は地球儀を指します。ヨーロッパの英知がオランダに集まり、グローバル化を促進したといえるでしょう。

一方、版図を広げる際のぶつかり合いをさけるために地球を分割する条約がポルトガルとスペインの間で結ばれたのは1494年でしたが、その後イギリス・フランス・オランダ・ロシアなどが台頭して、植民地の勢力地図は大きく塗り替えられていきます。これらの国の探検家によって、アフリカ、南北アメリカ、オーストラリア、さらに太平洋の島国などがつぎつぎと確認され、現在一般的に知られているように大陸としては南極を含め、7つの大陸が地図に描き込まれるようになりました。

しかし、よくみると、アジアとヨーロッパは陸続きでユーラシアともいわれます。そして、アジアとアフリカは、アラビア半島とアフリカ大陸に挟まれた紅海の北の部分のシナイ半島でつながっていますから、これら3大陸はひとつの大陸とみなすことができます。さらに、南北アメリカもメキシコとコロンビアを結ぶ中央アメリカが存在しているので、これもひとつの大陸とみなすとなりますと、オーストラリアおよび南極をあわせて4大陸となります。

——日本とオランダとの400年にわたる交流史のなかで、シーボルト事件が起きています。幕府が国家機密としていた伊能忠敬《いのうただたか》の地図を海外に持ち出したのが発覚して追放されたわけですが、日本に限らず一般的に軍事機密としての地図が開放されるまでには長い時間がかかったように思いますが——。

最近グーグルが開始した衛星画像サービスによってインターネットで地球のどこの地点でも地図情報が入手できるようになりましたが、情報開示を平和目的としても、国境線をめぐる政治紛争にみられるように機密解除にならないケースもあります。

球体の地球を正しく縮尺するには地球儀が適していますが、世界地図として全体を眺めるには1枚の平面におさめるのが一般的です。面積に絞って陸地のゆがみを最小限にする図法でグローバリゼーションの歴史をふりかえってみますと、13世紀ユーラシア大陸を横断し、ドナウ川まで、インドの一部やペルシャまでも支配したモンゴル帝国の範囲が最大となります。次いで1991年に崩壊するまでのソ連邦の覇権範囲が、他のどの国と比べてもいかに広いかが図面上に示されます。制海権を含めますと19世紀ヴィクトリア朝の大英帝国の支配範囲が最大となります。

こうした軍事力によるグローバル化は破綻をみせたわけです。これからは環境、エネルギー、文化をはじめ、地球規模の課題をテーマとして魅力ある世界地図の活用が求められるように思います。

フェルメールが地図を通してオランダから世界に目を向けていた様子がうかがえますが、現在の日本もフェルメールが生きた17世紀のオランダと同じようにグローバル化と技術革新に直面しています。さまざまな主題図や予測図がつくられ、世界に貢献することを期待しています。

[終章]
地図への招待
～マップ・セレクション～

世界と向き合うために

地球規模で発生している環境問題、都市化と人口増、豊かな国と貧しい国との格差、瞬時に駆け巡るグローバルマネーの投機的動きなど、いずれも先進国、開発途上国の区別なく、国境を越えてすべての人にさまざまな影響をもたらしています。

加えて、時代の変化は、これまでの固定観念はもとより、蓄積された知識すらもはるかに超えて猛スピードで進んでいます。

グローバル化のなかで若い世代が、変化のスピードに対応できる力を身につけられるように、なんらかの指針を示すことができないか——。世界が抱える問題を考えるにあたって、その基本となる自然環境をしっかり把握することもそのひとつだと考えます。あらゆる経済活動も、人間を支える自然環境の安定があってこそ継続可能だからです。画一的な〝地理教科書〟で育った〝20世紀の大人〟たちはもとより、21世紀の若者たちにさまざまな地図があること、その表現に視点の違いがあることを知ってもらいたいと思います。グローバリゼーションの世界では、相互の違いを理解し合い、情報を共有することが欠かせないからです。

「地図」からなにを読みとるか

大航海時代を皮切りに、ヨーロッパではポルトガル、スペイン、オランダ、イギリスが、それぞれの時代ごとに未知の世界に向け版図を広げ、その盛衰を示す海図、大陸図、世界地図が、美しい「カタチ」として受け継がれてきました。それぞれのカタチは、変化に応じた見方、考え方を身につけて時代を切り開いていった当時の指導者の強い意志を想像させてくれます。

私たちの身の回りにもたくさんの地図があります。1枚ものか、書物の一部か、壁に飾るものか、持ち運べないものか。文明史のなかで地図は生活に欠かせないものとして作製されてきました。

地図に関しての一般的認識は、現在地を確認し、目的地までのルートを見極めるための情報メディアといったものです。一方、空想の世界での旅の喜びを〝map-reading〟に求めることもできます。マップ・リテラシーが高まり、優れた地図との出合いによって想像力が刺激され、〝問題解決〟のヒントを得るという「地図の効用」も、人によっては深められています。

例えば、時代の変化をどのようにとらえるか、歴史からなにを学ぶかといった観点からは、「比較図」や、歴史的空間をつなぎ未来を志向する「予測図」が有効とされます。さらに、衛星写真をみるまでは、「世界地図」そのものが作図者の想像力に負うところが大きかったともいえるわけで、目に見えないものを視覚化する、換言すれば、同時代の世界の全体像を地図化する努力が求められるのです。

いまあらためて、さまざまな地図の世界に招待いたします。

地球規模の視野を自分自身のものにするためにも、多様な「地球の姿」をみせてくれる〝Earth Atlas〟(「地球図鑑」)は、なんらかの示唆を与えてくれるものと思います。今回、すでに発表されたものを〝マップ・セレクション〟として比較提示いたしました。

ここに選び出された地図は、「地球図鑑」の中のほんの一部にすぎません。出典となった各Atlasや文献が「地球図鑑」そのものなのです。また、世界の人々が頭に描く世界の姿も、視覚化されてはいないものの、作図者を通して、人々が共有する情報メディアになりうると考えてみてはどうでしょうか?

15歳に限定することなくみなさんも「地球図鑑」に参加してみませんか?　〝マップ・セレクション〟の作業を通して、参加者のマッピングのお手伝いができると確信しています。

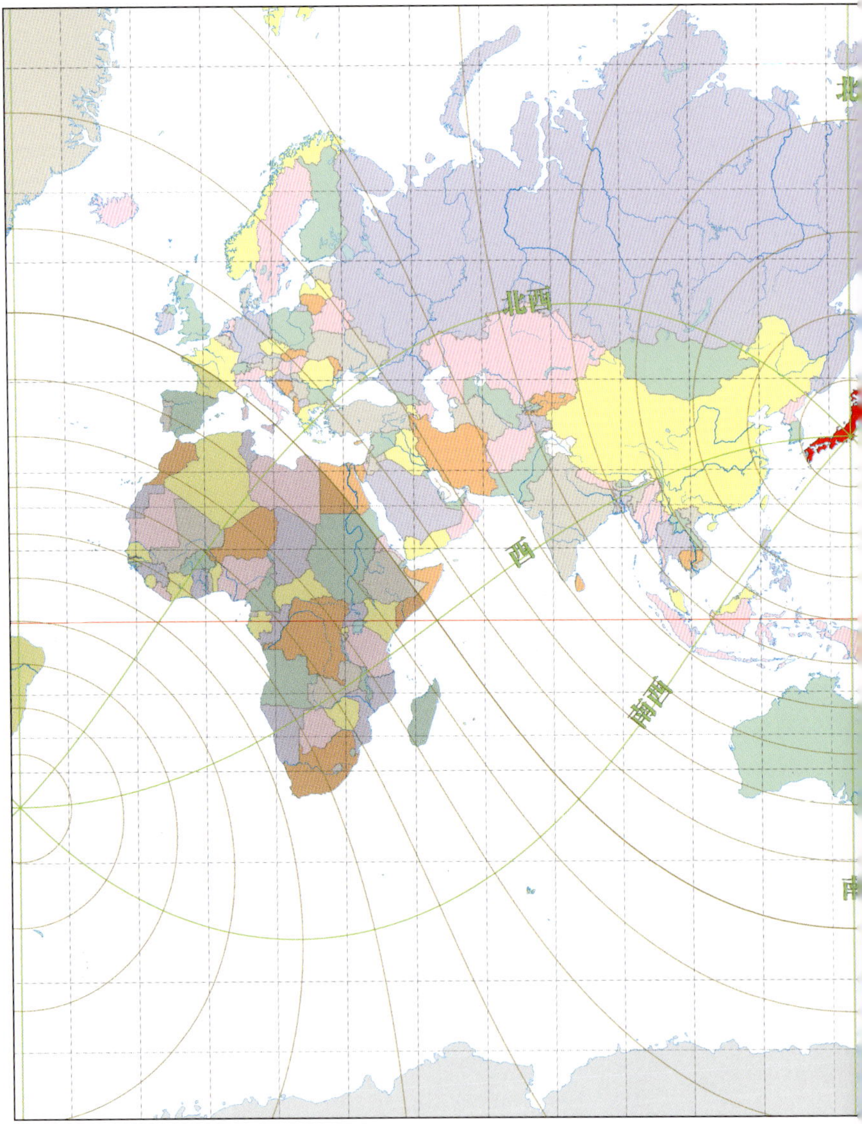

マッピングのすすめ 作図に挑戦してみよう!

地球儀には、球体である地球の面積・距離・方位が正しい縮尺で描かれています。しかし、平面上に描く場合、面積・距離・方位の三拍子そろって正しく表現することは不可能です。球体の表面をどのような方法で平面に投影させる

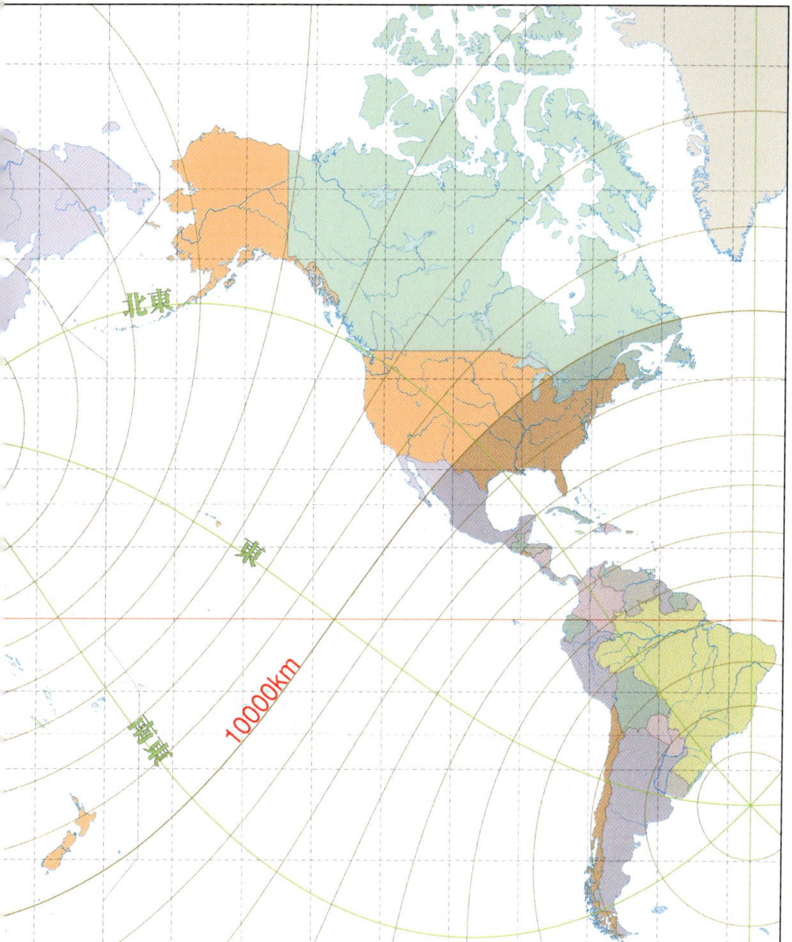

かは、地図づくりの目的によって異なってきます。上の世界地図では、東京から1,000kmごとの等距離圏が楕円状の線で描かれています。また、東京から東西南北のほか北東・北西・南東・南西の8方位が、南北の直線と大きな曲線で表示されています。
この地図に任意の情報を入れ、「私の世界地図」づくりに挑戦してみてください。作図には専門家も協力いたします。問い合わせは、Earth Atlas編集委員会へハガキにてお願いいたします。

資料提供：東京カートグラフィック株式会社

世界地図ベストコレクション　候補作品一覧

掲載地図：「水半球　陸半球」
「世界の海底の地形（海底地図）」
出典：『自然大博物館』（小学館／1992年／絶版）
解説：宇宙の始まりから地球の進化にいたる過程をはじめ、火山や地震など地球の形と性質が、この図鑑の冒頭で示されています。あらゆる物質の循環が大気圏、水圏、さらには表面の地圏で行われていること、地球全体のシステムが人間を含む動物、植物によって支えられていることも強調されています。生物を植物、ほ乳類、鳥類、魚介類、昆虫類に分類し、絵図と写真で豊かな地球の姿を詳細にみせてくれます。

掲載地図：「太平洋の海洋図」「6つの大陸の自然」
出典：『世界 海の百科図鑑』
（ジョン・バーネット編／川口弘一、平啓介監訳／東洋書林／2004年）
解説：この図鑑を手にする人は、海についての知識がいかにかたよっていたか、また海に対する認識が表面的なものにとどまっていたかを反省するのではないでしょうか。編集者によれば〝グローバルな海洋学〟の歴史は浅く、最近の先端技術の発達によって、形状・資源・汚染・未知の生物など、ようやく海洋の全体像が見えるようになってきたところのようです。海流循環と気候変動との関係の重要性にも触れていますが、なんといっても圧巻は、第5章のOcean Atlasです。太平洋、大西洋、インド洋のほか世界の海を対象に構造・資源・気象の主題別海洋図に仕立て上げていて、読む者を飽きさせません。太平洋の構造図には海の山々（海嶺）のほか、太平洋に注ぐアジア、北アメリカ大陸の河川も描かれていて一般的地形図との違いをみせてくれます。

掲載地図：「海流大循環の図–気候の支配」
出典：『異常気象 地球温暖化と暴風雨のメカニズム』
(マーク・マスリン著／赤塚きょう子訳／三上岳彦監修／緑書房／2006年)
解説：洪水、干ばつ、嵐、森林火災といった自然災害のなかで、ハリケーンやモンスーンに代表される気象災害による被害がこれまでにも増して世界各地で拡大しています。イギリスで海洋地質学、古気候学の立場から気象災害に取り組んでいる著者は、地球温暖化と暴風雨のメカニズムに関して述べ、とくに暴風雨予測によって被害を最小限に食い止める重要性を訴えています。著者の目は深層海流とガスハイドレートにも向けられています。いずれも温暖化がもたらす悪い影響について、氷が融けて海流の循環が停止した場合や、水とメタンの混合物のガスハイドレートが気温上昇によって多量のメタンガスを大気中に放出した場合などの急激な気象変化のシナリオを世界地図や写真を使って描いています。

掲載地図：「IPアドレス分布図—インターネットの普及」
出典：『見てわかる 地球環境　2008–2009』
(トーマス・ヘイデン著／日経ナショナル ジオグラフィック社／2007年)
地図資料：「ipligence.com.Internet World Map 2007」
解説：「世界初の地球環境白書」とうたっているこの本は、ナショナルジオグラフィック協会が120年にわたって培ってきた「地理、歴史、科学、教育などの学術研究分野」にわたる底力を示すものとなっています。衛星写真（GeoEye）をふんだんに使い、例えば「人口集中」の項目では東京都江東区南部の密集市街地が、また「生態系」の項目ではオランウータン、ゾウ、トラの生息地であるインドネシア・スマトラ島アチェ州西の森林が、上空からのありのままの姿としてとらえられています。主題図は、いうまでもなくデータがどれだけ正確に集められるかによって、その出来が決まりますが、食料、エネルギー、絶滅種などに関して、国別、地域別の比較データをプロットしてわかりやすく示しています。グロブナー同協会会長は、地球の健康状態について「地球の脈拍をこの本で紹介し、診断結果を読者ひとりひとりに委ねたい」としています。

マップリテラシーを目指して

地図の長い歴史のなかで、私たちはいま〝国家機密〟から解放され、地図全盛の時代を迎えているといえます。インターネットやテレビを通してさまざまな地図に触れる機会は急速に増え、それぞれの学校で地球儀を回して世界の国々の位置を調べるのと同じように、簡単なパソコン操作によって世界の地形を確認できるようになりました。

しかし、こうした世界地図に関して、各大陸の面積や方位を正しく表現するためにいろいろな工夫が施されていることをご存じでしょうか？紙の地図の時代からヨーロッパを中心に培われてきた図法に負うところが大きいのですが、丸い地球を平面上に描くため、目的やテーマによって、地図の表現力が異なるのはいうまでもありません。

「15歳学力調査（PISA）」では、「科学的リテラシー（応用力）」が問われていますが、グローバルな課題と向き合う度合いが世代を問わず増えるなかで、Earth Atlas編集委員会では「マップリテラシー」の向上を目指すことをひとつの目標といたしました。

今回ははじめての試みとして、大地図帳、歴史地図帳、主題別図鑑や一般書などをチェックし、「わかりやすい、美しい、際立った特徴がある」などを基準として各章に適した地図を選んでみました。デジタルの「地球地図」からは、地球地図国際運営委員会のご協力を得て、世界の植生図など3点を選びました。

いくつかの制約のなかで、特徴のある地図を掲載させていただきましたが、あくまでも「地図の原本」（縮小しない元の姿）に触れるのが最善と考え、出典の図鑑（Atlas）についても紹介しました。

これからは、一人でも多くの若者が、座右の銘ならぬ〝座右の地図〟を一段と身近なものとし、時代の変化をすばやくとらえ、空間情報として伝える〝新たな作図の旅〟に出立するのを期待しているところです。

なお、今回は本委員会の趣旨について各発行元のご賛同をいただき、地図転載についてもご了承いただきました。あらためてお礼を申し上げる次第です。

2009年9月　Earth Atlas編集委員会

Earth Atlas編集委員会 出典および関連著作物と各委員の担当	沖　大幹（『水の世界地図』監訳） 近藤洋輝（『温暖化の世界地図』訳・解説） 鈴木正俊（『経済データの読み方』著） 月尾嘉男（『地球地図』解説） 正井泰夫（各種世界地図帳監修） 前田義寛（『地図の学際』編集コーディネーター） 森倫太郎（『15歳のためのグローバリゼーション』企画・本文・インタビュー）

〈監修者紹介〉
正井泰夫　立正大学名誉教授。日本国際地図学会元会長。1929年、東京生まれ。53年、東京文理科大学(現・筑波大学)卒。60年、ミシガン州立大学大学院博士課程修了、地理学博士。62年、東京文理科大学理学博士。お茶の水女子大学教授、筑波大学教授、立正大学教授を歴任。『一冊でわかる日本地図・世界地図』(成美堂出版)、『図説 世界地図の意外な読み方』(青春出版社)、『地図で知る世界の国ぐに』(平凡社)など、地図監修多数。

15歳のためのグローバリゼーション
2009年9月25日　第1刷発行

GENTOSHA

監　修　正井泰夫
編　著　Earth Atlas編集委員会
発行者　見城 徹

発行所　株式会社 幻冬舎
〒151-0051 東京都渋谷区千駄ヶ谷4-9-7

電話:03(5411)6211(編集)
03(5411)6222(営業)
振替:00120-8-767643
印刷・製本所:中央精版印刷株式会社

検印廃止

ISBN978-4-344-01728-3 C0095
幻冬舎ホームページアドレス　http://www.gentosha.co.jp/

この本に関するご意見・ご感想をメールでお寄せいただく場合は、comment@gentosha.co.jpまで。